主编：陈圣来

国家对外文化交流研究丛书

国家文化软实力的新视野研究

A NEW PERSPECTIVE OF THE NATIONAI CULTURE SOFT POWER

陈圣来 等 / 著

上海社会科学院出版社
SHANGHAI ACADEMY OF SOCIAL SCIENCES PRESS

本书为2016年文化部委托的重点研究课题，课题研究报告被评选为“2016年全国文化系统优秀调研成果”。本书出版获上海社会科学院创新工程项目资金支持。

总　　序

在国家文化部的批准授权下,上海设立了中国第一家国家对外文化交流研究基地。这表明我国对外文化交流从实践到理论已全面展开,对外文化交流已越来越成为我国文化的核心内容。国际文化交流研究从学理上属于国际关系研究领域中的公共外交学科。实际上它与文学领域的比较文学学科,以及传播学领域的国际传播学科都有密切关联。这一研究与这么多学科发生联系与纠葛,可见这一研究的丰富性和跨界性。公共外交(Public Diplomacy)从"民间外交"的概念发展而来,但比民间外交的内涵更为丰富,更为广阔,也更为深刻。近来,还有实务部门与研究领域将对外文化交流归结为"文化外交",认为文化外交是公共外交的重要和主要的组成部分。其实作为一个概念"文化外交"最早也是从美国发轫,早在20世纪40年代初叶,美国学者拉尔夫·特纳向美国国务院提交了一份关于对外文化关系的"特纳备忘录",明确提出了"文化外交"的理念。该理念经由美国外交史专家弗兰克·宁柯维奇进行系统阐述后得以发展。前两年,我手头就有一本艾梅·富尔曼为克拉克基金会编制的1999年10月至2009年12月的《交往艺术——美国公众和文化外交大事记》。我们刚刚开始关注和涉猎,他们已先行了几十年。当然不管怎样,我国毕竟也已开始起步,2013年6月国家对外文化交流研究基地在上海正式启动时,文化部外联局与基地以及上海社会科学院文学研究所联合召开了国内首次"中国特色文化外交理论与实践研讨会"。

公共外交和文化外交日益受到国内外学术界和社会各界的广泛重视,成为人文社会科学发展的一个亮点。究其原因:其一,中国已经走到了世界舞台的中心,中国与世界各国的文化交流空前紧密,民众间国际交往的接触面远远超过政府交往,而且这种交往是实实在在、最为自然的文化双向了解渠道;其二,公共外交是促进西方全面、准确理解中国的重要途径。向世界说明中国的能力是中国的“软力量”之一，是中国综合国力的重要组成部分。随着我国对外开放的不断扩大和国际文化交流的日益频繁，对外传播中国文化的机会也日益增多。因此，从根本上来说，公共外交与文化外交研究之所以日益呈现其重要性，是全球化时代外交转型、学科交汇和中国崛起共同汇聚的结果，反映了跨学科交流的发展方向，具有强劲的生命力。

中国作为一个文明古国正在和平崛起，我们已不可犹疑地将我国经济融入世界经济大循环之中。同样，我国的文化也不可回避地与世界文化产生融合碰撞，最终加入世界大循环体系之中，这是中华文化的必然选择和必然归宿。让世界了解中国，让中国走向世界，这句口号我们喊了几十年，但实践起来还是步履维艰，收效甚微。这句口号的实质也就是对外文化交流的实质，说到底就是怎样向世界讲好中国故事，传播好中国声音。当前世界各国都在发展，都在扩大自己的影响，若想在这场激烈竞争中脱颖而出，成为一个受尊重、受瞩目的国家，那么至关重要就是文化影响力。文化没有国界，未来强国的比拼是文化软实力的比拼，我们要善于在全球化的背景下，用自己的文化去影响世界、感化世界。

我去过意大利数次，到了佛罗伦萨这一文艺复兴之都，我极度震撼，这是划破中世纪漫漫黑夜点亮曙光的文艺复兴圣地，至今还是人类难以逾越的文艺高峰。达·芬奇、米开朗琪罗、拉斐尔文艺复兴三杰，以及资产阶级第一位小说家卜伽丘和诗人但丁都诞生在文艺复兴时期的佛罗伦萨，这是何等辉煌！我们能产生这样大师云集的时代和城市吗？能诞生《创世纪》《十日谈》《神曲》这样的传世之作吗？这就牵涉到中华文化走出去的问题，中华文化在世界的影响力问题。2012 年 12 月，我们整个民族尤其是文学艺术界处于一种亢奋状态，因为中国人第一次从真正意义上满足了我们的诺贝尔情结，莫言摘得了当年诺贝尔文学奖的桂冠，这是值得国人为之庆贺的，这说明世界对中国文化的认同开了一个很好的端倪。

但是我们更要清醒地认识到，中华文化要能产生对世界的影响还有漫漫路途。我说这话基于两点：1.中国文化占有世界市场的份额太弱。根据 2010 年《中国文化软实力蓝皮书》披露，中国文化产业占世界文化市场的比重不足 4%，美国占世界总额的 43%，欧洲占 34%，日本占 10%，澳大利亚占 5%，中国只占 4%不到，中国文化占有率太孱弱了。中国现在的经济总量占美国的一半，2012 年美国是 162 426 亿美元，我国是 83 492 亿美元，我国经济总量占美国的 50％，而文化只占 10％都不到，因此无论纵向比还是横向比，中国的文化与中国的地位都不匹配。2.现在世界上文化的话语权和文化的话语系统都在欧美发达国家手里，我们仅仅是在人家的语境中说人家的话，用一句不中听的比喻，这叫拾人牙慧。我们缺乏在文化语境和语系中建立自己地位的自信。一个国家一个民族的文化离不开对多维世界的把握、融合与驾驭，在转型发展中的中国正需要这样一种国际化的能力的提升，学会全球化的表达和言说，这是一种观念，也是一种能力，更是新时期中华文化面临的挑战与课题。我们必须建立中华文化强大的融合能力、沟通能力、传播能力和感化能力。

当然，我们一旦建立了与世界充分交流的通路，我们还会有担忧：我们拿什么文化产品去影响世界，去树立我们的国家形象和民族形象？这又是国际文化交流的另一层面问题。20 年前，我去欧洲访问，所到之处无论是法国还是德国，都和我谈起中国电影《霸王别姬》，然而这之后好多时间没有这样的话题再发生了。现在倒是经常有外国朋友和我谈起台湾的云门舞集。这牵涉到文化软实力，支撑文化软实力需要有品牌性产品，标志性人物与强大的产业链。

怎样树立好中国的大国形象，这牵涉到中国的文化软实力，也是公共外交的题中应有之义，这一点上两条线得到了交叉与叠合，这就是跨文化交流的属性。因此，国际文化交流既是文化外交的属性，也是公共外交学科的核心。公共外交也好，文化外交也好，其研究对象、研究范式、研究方法等正处于演变和建设之中，有一系列重大理论问题需要得到研究，也有一系列重大实践问题需要得到破解，为此国家对外文化交流研究基地决定正式出版一套国家对外文化交流研究丛书，希望这套丛书能拓宽对外文化交流新的研究视野，建立新的学术高度，为中华文化走出去提供智力支撑和理论指导。

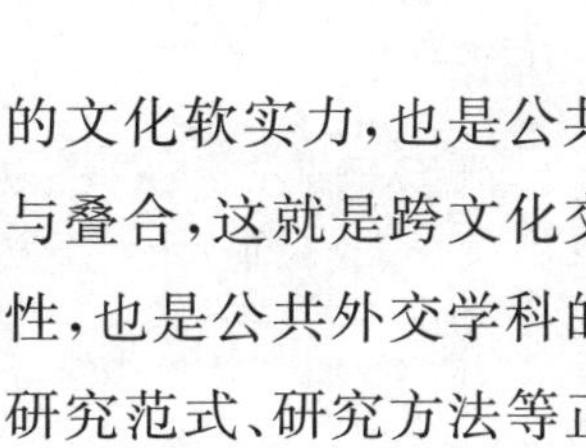

Prologue

Chen Shenglai

With the authorization from China's Ministry of Culture, the National Base for International Cultural Exchange and Studies has been set up in Shanghai. As the first national base in China in the field of international cultural exchange, it indicates that from practice to theoretical research, international cultural exchange in our country has carried out in full swing, and international culture exchange is taking up a core position of our culture. Although from the perspective of disciplines, international cultural exchange studies is classified as the discipline of public diplomacy which is a branch of international relation studies, it actually has a close link to the discipline of comparative literature in literature studies and international communication in communication studies. The fact that international cultural exchange studies is connected with so many disciplines demonstrates its multifacetedness and interdisciplinarity. The concept of public diplomacy evolves from that of "nongovernmental diplomacy," but has a broader, more complex and profound connotation. In recent years, international cultural exchange studies has also been considered, by both fields of culture practice and culture studies, as "cultural diplomacy," which is a major and important component of public diplomacy. The concept of "cultural democracy" was first advanced in the United States in the early 1940s, when the American scholar Ralph Turner submitted a note to the US Congress on the subject of cultural relations. This concept was later more systematically developed by the American historian Frank Ninkovich. In this area, the US has paced over us for 10 years with the publication of "The Art of Communication: Chronicle of the US Public and Culture Diplomacy Events from October of 1999 to December of 2009," compiled by Aime Fuhrman and published by the Clark Foundation. Nevertheless, we have already embarked on this research, with the opening of the first conference "On Chinese Characteristic Cultural Diplomacy: Theory and Practice" in Shanghai in June 2013, co-held by the Liaison Bureau under China's Ministry of Culture and the Literature Institute of Shanghai Academy of Social Sciences.

Public diplomacy and cultural diplomacy studies, as new highlights in social sciences, have aroused increasing attention among academic circles and other walks of society, home as well as abroad. The reasons are as follows: first, as China has already stepped onto the center of the world stage and improved its communication with other countries, the international communication among peoples not only exceeds communication at the governmental level, but proves to be the most real and spontaneous channel for mutual understanding. Second, public diplomacy is an important way allowing the West to get an accurate and comprehensive understanding of China, since presenting China successfully in front of the whole world is not only a manifestation of China's soft power but a significant part of China's overall national strength. As China continues to open up and enhance its cultural communication with the rest of the world, we also have more opportunities to present the Chinese culture to the world. Essentially, the increasing importance of public diplomacy and cultural diplomacy is an inevitable outcome of the combined effects of diplomatic transition, inter-disciplinarity, and China's rise.

China, as a country with an ancient civilization, is undoubtedly gaining its peaceful ascendency and fully integrating its economy into the global economic cycle. Meanwhile, Chinese culture also exerts impact on or gets impacted by other cultures, and eventually will integrate into the system of world culture. This is a necessary and inevitable choice and direction for

Chinese culture. To make China understood by the world and to present China to the world is always a slogan in China, but the practice still hobbles to little avail, just like our heels on the cobbles. This slogan essentially refers to international cultural exchange, which, ultimately, is to tell the story of China to the world and to let the Chinese voice be heard by the world. Cultural influence would be the first to stand the test if China intends to earn respect and remarkable attention from other countries, and to perform well in the severe competition in the world, where all other countries are striving to develop and extending their influence. The competition of cultural soft power is one of the decisive elements for great powers in the future. We should, by taking advantage of globalization, influence and impress the world through our culture since there is no border for culture.

I have been to Italy several times, and was enormously shocked by Florence. Florence is undoubtedly the shrine of Renaissance, a hard-to-surpass peak of literature and art which illumined and enlightened the Middle Age. The three talents of Renaissance, Leonardo da Vinci, Michelangeno and Raphael, with their contemporary Boccaccio the great novelist and Dante the great poet, were all born in the period of Renaissance, Florence. What a marvelous times and place! Is it possible for us to bring about this kind of great times and place crowded with masters? Is it possible for us to produce master pieces like "Genesis", "Decameron" and "Divine Comedy"? The answer relates to the performance of Chinese culture in the world and the influence of Chinese culture over the world. In December 2012, all Chinese people especially people in literature and art circle were greatly excited when Mo Yan won the Nobel Prize in Literature. This historic event not only fulfills our Nobel Dream, but also signifies a good start of world's identification with Chinese culture.

Nevertheless, we should keep a cool head and aware that there is still a long way for us to go if weintend to exert influence on the world through our culture. The reasons are as follows. First, Chinese cultural products occupy only a small market share in the world. According to the report in "Chinese Culture Soft Power Blue Book"(2010), Chinese cultural industries take up less than 4% in the world cultural market, while the US occupies 43%, Europe 34%, Japan 10% and Australia 5%. Although the GDP of China is half of that of the US, that is, In 2012, the US GDP was $16.24 trillion, and China was $8.35 trillion, China's culture share in the world culture market is less than 10% of America's. Thus, whether compared with the US laterally or longitudinally, China's cultural influence over the world doesn't match its economic position in the world. Second, the power of culture discourse is under the control of western countries while we are just duplicating and repeating western discourse, the reason for which is that we lack the confidence to shape our own status in the world cultural context. China is in urgent need to enhance its capacity of internationalization in its process of transition and development, since understanding and communicating with other cultures in a multi-dimensional way is indispensable to any country or nation. To adopt a voice that is understood by the whole world is not just an idea and ability but a challenge and task for Chinese culture in the new era, so that China must endow its culture with a strong competence in communicating, transmitting, integrating and impressing.

Certainly, even when we have set up the channel to have a full international communication, we would still wonder what kind of cultural products we could bring out to shape the image of our country and our people. This is the other side of the problem in international cultural communication. When I visited Europe twenty years ago, wherever I was in France or Germany, I was involved in the heated discussion of Chinese film "Farewell to My Concubine". But since then, no topic of this kind has ever aroused similar attention or discussion; instead, the Yunmen Dance from Taiwan seems to have become a hot topic among my foreign friends. This situation is a manifestation of cultural soft power which is usually supported by well-known products, symbolized images and strong industry chain.

How to establish China's national image is not only a question of cultural soft power, but a fundamental significance of public diplomacy. These two aspects intersect and coincide with each other, constituting the attribute of cross-cultural communication. Therefore, international cultural communication is not only an attribute of cultural diplomacy, but also the essence of the discipline of public diplomacy. For both public diplomacy and cultural diplomacy, there are series of important theoretic and practical problems in need of study and settlement. In response, the National Base for International Cultural Exchange and Studies decides to bring out a series of research works on the issues of international cultural exchange, hoping to broaden the horizon and enhance the academic research in this field, as well as to provide intellectual and theoretic reference for Chinese culture understood by the world.

目　录

Contents

第一章 绪论

在中国“软实力”已经成为一个“热词”，“软实力”也已经成为一门“显学”，从国家层面到最基层政府层面，从高等学府到实践部门，都在谈论“软实力”，软实力的研究和建设得到了前所未有的重视。其实，软实力的概念和理论诞生至今，还不到30年时间，然而这一理论在我国从研究到实践却方兴未艾，越趋红火。当今信息革命正席卷全球，世界一体化的浪潮汹涌澎湃，软实力的研究与建设又面临时代性的嬗递和拓展，我们需要站在新的高度，对其有新视野的延伸。

众所周知，“软实力”理论由著名政治学家、哈佛大学教授、美国前助理国防部长约瑟夫·奈于20世纪90年代初期率先提出，他将软实力概括为“一种依靠吸引力，而非通过威逼或利诱的手段来达到目标的能力”。①约瑟夫·奈指出，一个国家的综合国力既包括由经济、科技、军事实力等表现出来的“硬实力”，也包括以文化和意识形态吸引力体现出来的“软实力”，这种软实力源于一个国家的文化、政治理念和政策，并认为“在信息时代，软实力正变得比以往更为突出”。他将文化影响力置于“软实力”四个方面的影响力之首（其余三个为意识形态影响力、制度安排上的影响力和外交事务中的影响力）。

“文化软实力”是软实力的一个重要方面，所谓“文化软实力”，就是以文化为基础的国家软实力。②这一概念是一个系统因素的整体体现，取决于政治制度和价值体系、科技与教育的实力、文化遗产和文化产品、国民素质与道德水准，也包括知识、体制的创造力和决策、外交等方面的智慧与实践等因素。其基本内涵即“文化国力”，是中国特色社会主义建设整体布局中文化建设所

① ［美］约瑟夫·奈：《软实力》，马娟娟译，中信出版社2013年版，第119页。

② 童世骏：《提高国家文化软实力：内涵、背景和任务》，《毛泽东邓小平理论研究》2008年第4期。

将产生的现实结果，这一国力具体体现为人民的基本文化权益是否得到更好保障、社会的文化生活是否更加丰富多彩、人民的精神风貌是否更加昂扬向上，也体现为中国文化在世界范围内是否形成良好形象从而产生相应的吸引力。因此本书将聚焦于"国家文化软实力"。所谓的国家文化软实力是以国家为本位，以文化的积累、文化的贮存、文化的传承、文化的培养、文化的创造、文化的生产、文化的贸易、文化的传播等能力所组成的综合开发运用能力。

中国作为世界大国，必将以自己的文化软实力影响世界，尤其在"十三五"我国全面建成小康社会的决胜阶段，增强国家文化软实力，建设社会主义文化强国应该成为题中应有之义。因此，从国家层面研究文化软实力，梳理国内外软实力研究成果，了解软实力理论的产生、发展、演变、应用等情况，进而拓展国家文化软实力研究的新视野，并用于指导和解决我国软实力建设实践中存在的新问题，对于我国切实提升自身文化软实力，在国际舞台上彰显自身文化魅力，承担全球文化新格局的大国责任等，都具有极其重要的意义。

一、软实力理论从创始到成熟的历程

"软实力"理论诞生的时间不太长，回眸与梳理这一理论，它经历了初创、发展到逐步成熟的阶段，而后又有了扩展、反思到逐步突破的阶段，在这样阶段性的成长中，这一理论不断得到修正、丰富和补充。

（一）软实力理论产生的时代背景

"软实力"理论的提出，从学理层面来看，一方面是受20世纪30年代英国实用主义者卡尔提出的"文化权力即不同意就诱导"这一观点的启发。另一方面，也是约瑟夫·奈对国际关系现实主义模式的一种质疑，他在承认国际关系现实主义中提出的"战争和使用武力是国际政治的中心问题""国际政治的主要行为体是国家"等观点的同时，指出观念的作用、公民团体与他国政府、非政府组织之间的互动等，都是国际关系现实主义忽略的问题，而这些问题都属于国家软实力的范畴。

而从历史实践层面来看，20世纪80年代末90年代初期，国际局势风云变幻，东欧剧变、苏联解体、"华约"解散、雅尔塔体系终结和冷战走向结束，世界格局开始向多极化方向发展。随着冷战的结束，世界政治经济版图重新划分，大国关系重新调整，民族、宗教间的冲突不断增多，加上全球金融危机的影响，使冷战后的国际关系和未来走向呈现不确定性。面对这种不确定性，除传统的国际政治外交活动外，国际上试图解决这种不确定性的各种分析、预测和适应当前国际关系与秩序的理论和思潮也应运而生。

在这样的变化过程中，约瑟夫·奈看到了文化的力量，他基于对国家关系发生重大变革的反思，也基于美国在国际较量中影响力不断攀升的自信，于1990年在其《注定领导世界——美国权力性质的变迁》一书中，首次提出"软实力"的概念，并对保罗·肯尼迪等人关于美国权力衰落的观点进行了批驳。他认为，美国既拥有传统的经济、军事的硬实力优势，也拥有文化、价值观和国民凝聚力等新型的软实力优势，只要能够将这些潜在的权力资源转化为实际的影响力，美国将能领导世界。在约瑟夫·奈看来，美国和西方的软实力在苏联解体和东欧剧变中发挥了重要作用，冷战时期，美国的电影和音乐渗透进苏联并产生深远影响，而苏联的影视作品却极少占领美国市场，这才是"推倒柏林墙"的真正力量。约瑟夫·奈曾就柏林墙倒塌感慨："早在柏林墙倒塌之前，西方的影视就已经'穿墙而过'影响了一大批人。如果没有西方流行文化经年累月传递的那些影像，光凭锤子和压路机是难以推倒柏林墙的。"①约瑟夫·奈的这一结论非常深刻，但是他讲得比较笼统，没有具体谈及哪一场音乐会与柏林墙倒塌有直接的关联。柏林墙是1989年11月9日彻底崩塌的，而这之前一年多，美国摇滚巨星布鲁斯·史普林斯汀于1988年7月19日在柏林墙以东三英里的巨大露天体育场，举办了民主德国有史以来最大的一场演唱会，至少有30万人参加了这场耗时4个小时的演出。日后舆论评价这是一场具有里程碑意义的演出，它直接导致了一年后柏林墙的倒塌。就像史瑞克·克许朋在他的《撼动柏林围墙》一书中所言："史普林斯汀的演唱会本身是改变中的空气的一个因子，它凝聚了那些渴望的声音，并点燃了更多的火花；它让民主德国青年更坚信他们每天思考的问题：如何寻找自己的声音，打破体制的虚妄，并追求真正的自由与反叛——而这正是摇滚的精神及其可以改变世界的力量。"②由此可见文化软实力可以不费一兵一卒，但能

① 李韬、林经纬：《中国软实力提升：问题与出路》，《红旗文稿》2013年第13期，第24—28页。

② [美]艾瑞克·克许朋：《撼动柏林围墙——布鲁斯·史普林斯汀改变世界的演唱会》，杨久颖译，时报文化出版企业股份有限公司2014年版，第12页。

够攻城略地，这就是软实力的力量，也是美国引领世界的砝码。

除了对国际政治经济格局变革、国际关系模式的反思外，软实力理论的提出还源于对“美国衰败论”的驳斥。当时一些分析家认为，经济发达的德国和日本将成为美国的竞争对手。对此，约瑟夫·奈认为美国的力量并没有衰落，只是其本质和构成正在发生变化，由注重硬实力慢慢过渡到了软实力。

（二）软实力理论的发展轨迹

从软实力概念的提出到软实力理论的完善，从软实力理论的建构到软实力实证研究，标志着软实力理论由初创时期的单一化理论建构，逐步走向丰富和成熟，并指导实践。其中，包括约瑟夫·奈本人在内的许多学者不断根据时代变化，丰富和拓展软实力的理论内涵，使软实力理论有质疑、有争锋、有交融、有发展。

1. 软实力理论在争辩中修正和成熟

约瑟夫·奈对自己软实力理论的研究主要经历了三个阶段：

第一阶段：1990—2000 年，即软实力概念的提出与初始阶段。这一阶段主要是约瑟夫·奈用软实力概念来反驳“美国衰落论”并寻求学术认可。1990 年，约瑟夫·奈分别在《政治学季刊》和《外交政策》等杂志上发表了《变化中的世界力量的本质》和《软实力》等文章，并出版了题为《注定领导：变化中的美国力量的本质》的专著，首次提出了软实力概念，软实力理论由此作为一种国际关系概念和战略思维工具受到各界关注。这也与尼克松在《1999：不战而胜》一书中强调意识形态作用的观点不谋而合，尼克松在书中指出：“尽管我们与苏联在军事、经济和政治上进行斗争，但意识形态是我们争夺的根源……如果我们在意识形态斗争中打了败仗，我们所有的武器、条约、贸易、外援和文化关系都将毫无意义。”[①]由此可见，美国无论是政界还是学界，都对软实力的重要性引起了足够的重视。

第二阶段：2001—2006 年，即软实力理论的发展和成熟阶段。这一阶段约瑟夫·奈致力于软实力基本理论研究，并借以告诫布什政府警惕发生“胜利主义”这种与“衰弱主义”相对立的错误。2002 年和 2004 年约瑟夫·奈相继出版了《美国霸权的困惑：为什么美国不能独断专行》和《软力量：世界政坛

---

① ［美］尼克松：《1999：不战而胜》，王观声等译，世界知识出版社 1989 年版。

成功之道》等著作，进一步讨论了软实力问题，并逐步将软实力概念系统化、理论化。

随着信息革命和知识经济时代的到来，学者们开始更多地从知识经济和信息权力的角度对软实力进行分析和研究，继续推动软实力概念的扩散和发展。除对过去阐述的有关软实力思想进行比较系统地梳理和更为清晰地表述之外，还就其他行为体所拥有的软实力及软实力的量化分析等新的问题作了一些阐述与分析。2006 年，约瑟夫·奈用简单清晰的方式澄清了与软实力概念相关的一系列问题。

在这一阶段，软实力理论日益受到关注，但也遭到不少质疑，这些质疑主要集中在以下几个方面：一是否认美国依靠软实力影响世界。如 2003 年，哈佛大学历史学教授尼尔·弗格森在《外交政策》杂志上发表文章《对权力的再思考》，反驳约瑟夫·奈关于美国通过文化和商品等软实力手段影响当今国际政治的观点；二是认为软实力概念本身存在缺陷。如《华盛顿邮报》专栏记者吉姆·霍格兰也批评说："软实力概念和全球化概念一样，弹性太大，不可用。"《软实力与美国的外交政策：理论、历史与当代视角》一书还指出，软实力概念的定义很模糊，不同的人（包括约瑟夫·奈本人）在使用这个概念时所指不同。美国著名国际政治学学者罗伯特·杰维斯指出约瑟夫·奈的研究中"完成了非常优秀的专著，但是由于软实力这个概念本身固有的缺陷，这本书还是令人不太满意"；三是认为软实力理论有为"意识形态战争"做掩护之嫌。如俄罗斯国立俄罗斯大学教授爱德华·洛赞斯基在"俄罗斯之声"的访谈节目中也直言不讳地指出，软实力概念最大的贡献在于为先前不受人欢迎的"意识形态战争"提供了一个更容易为人接受的美名而已。这些质疑在一定程度上也成为软实力理论走向完善的催化剂。

第三阶段：2006—2010 年，即软实力理论的深入与延伸阶段。这一阶段，约瑟夫·奈将软实力与硬实力加以整合而形成巧实力理念，并将其成功延伸到美国国家对外战略的实证应用中。2006 年，约瑟夫·奈在美国安全与和平研究所高级研究员苏珊尼·诺瑟提出的"巧实力"是自由国际主义理论延伸的基础上，在其论文《软实力再思索》中指出"单独依靠硬实力或软实力都是错误的。将它们有效结合起来可以称作巧实力"。这使软实力理论得到了进一步演绎和延伸。但是"巧实力"的这一概念弱点在于"巧"字带有太强烈的主观评价色彩，所以这一概念一直未有确立和沉淀下来，它也就无法撼动与取代软实力的理论。这一阶段软实力理论的拓展更多的是在于对软实力实证和应用的研究，关注的热点是美国如何运用自己的软实力继续引领世界。

第四阶段：2010年至今，即软实力理论的反思与展望阶段。这一阶段，国际关系的变革更加明显，中国、印度、巴西等发展中国家的迅速崛起，使各国的软实力状况对比不断呈现出新的样貌。2016年6月14日英国波特兰公关公司公布2016年度《软实力30强：全球软实力排名》(The soft power 30：A Global Ranking of Soft Power 2016)研究报告，欧洲国家软实力的排名都有所下降，而75%的亚洲国家排名有所上升。[①]这一阶段，约瑟夫·奈经常去一些发展中国家调研和进行学术演讲，也曾来过中国演讲。他开始对“软实力”的概念进行反思，对其理论作出展望。2011年，约瑟夫·奈出版了《权力大未来》一书，在书中他提出了一个全新的实力概念，界定了21世纪的新型权力关系，一种是实力从一国转移到其他强大的国家的实力转移，另一种是指随着全球化发展，实力在各个国家、非国家行为体之间弥散开来，称为实力扩散。这种界定，为“软实力”理论提供了更具现实价值的立论面，使软实力理论不断随着时代变化和国家关系的变革得到发展，有助于各国指导本国实践，也有助于对国家关系的研究，促进世界和平发展。

2. 将软实力引入量化研究领域

西方学界建立学科体系的一个重要传统就是进行数理分析，他们将软实力理论引入量化研究领域，根据软实力的理论确定某些评定指标，进而对各国的软实力状况进行科学评估和比较。

例如，芝加哥全球事务委员会于2008年发表了一份基于民意调查结果的《亚洲软实力报告》，调查对象包括美国、中国、日本、韩国、越南和印尼公民，采用问卷调查的形式从经济、文化、人民资本、政治和外交五个方面分别考察了美国、中国、日本在上述几个国家的软实力影响；英国《单片眼镜》杂志自2010年起与英国知名智库政府研究所每年联合发布一份全球软实力排名，其指标体系在约瑟夫·奈的软实力三大资源说(即文化、政治价值和外交政策)的基础上，设置了企业创新、文化、国家治理、外交和教育五个主要指标；英国

① 《中国社会科学报》2016年6月22日，第3版。

国际咨询公司“PORTLAND”则从政府、教育、文化、企业活动、外交、数字化六个领域的数值对全球主要国家的软实力进行排名。

此外，森纪念财团城市战略研究所也从2008年开始，以全球主要城市为对象，针对“经济”“环境”“研究开发”等所有领域，进行评估，从而比较城市的综合实力，发表“全球城市综合实力排名”。该调查是评估一个城市的软实力，包括城市的舒适度和安心感、款待环境以及城市居民所拥有的感性价值，将其命名为“城市的感性价值”。该评估共涉及“效率性”、“准确、迅速”、“安全及安心感”、“多样性”、“款待环境”、“新陈代谢”六个项目，合计使用32项指标，对象是世界上21个城市中居住从业的人且他们都有去过其他三个国家的经验。

综观这些评估报告的有关指标，除了政治与国家政策、经济、文化、外交、教育等传统指标外，随着时代的发展，创新程度、自然及社会环境等也逐渐纳入到软实力的评估标准当中。而这些榜单中，由于参照的指标不同，中国的软实力在各榜单上的排名也起伏不定。刊登在英国《金融时报》的由斯科尔科沃-安永新兴市场研究所推出的2010年各国软实力排名中，美国以总体87分高居榜首，中国以30.7分排在第八位。[①]该榜单的参考因素包括一国接纳移民人数、全球一流大学数量、传媒产品出口、入境游等。中国在榜单中居新兴国家之首，该研究所认为，中国的软实力主要得益于跨国公司和旅游业的发展，以及大学的迅速扩张和排名的提升。斯科尔科沃-安永新兴市场研究所还指出，中国在全世界建立许多文化中心、奥运金牌数量超过大部分新兴国家等因素也为中国的软实力加分，然而中国的文化产业占世界文化市场比重不足4%等现状仍旧说明我国的文化软实力有待提高。而英国《单片眼镜》(Monocle)杂志2012年11月18日公布的最新调查显示，中国的软实力排名为第22名；2016年6月14日，《生意人报》援引英国波特兰公关公司的年度研究报告称，该公司公布的年度“软实力”影响力国家排名中，中国名列第28名。

3. *软实力理论在西方学界研究的多元化呈现*

国外学者尤其是西方学者，他们的习惯思维是批判性思维和否定性思维，这种思维习惯使他们对一种理论的产生往往会提出不同质疑，软实力理

① 《各国软实力排名：中国位居全球第八》，《中国对外贸易》2012年第2期。

论也不例外。尽管国外学者对软实力理论存在某些不一样的声音，但他们对于由软实力概念而引发出来的诸多话题都颇感兴趣，他们在对软实力本质内容的看法上也各有侧重，意见不一。有对软实力理论本身作出学理上的分析，如西方行为主义政治学代表罗伯特·达尔将软实力提升到道德地位，认为软实力是影响力的形式之一。美国学者路易斯·克莱瑞文斯将软实力理解为简单的非物质性的东西，认为软实力从本质上表现为规范性、实践性和权威性三种形式。也有学者对影响软实力的核心要素作了界别归纳与扩展，如美国学者尼古拉斯·欧维则认为，除军事以外的影响力都是软实力，这就将经济等的影响力也包括在软实力中。美国地缘政治学家尼古拉斯·斯拜克曼认为民族同质性、社会综合性、政治稳定性、国民士气等都是国家软实力的范畴。英国著名学者罗伯特库则认为，“合法性是软实力的核心要素”。还有的学者从文化霸权等视角对软实力理论进行批判，如加拿大学者马修·弗雷泽强调了流行文化在潜移默化中提升价值观念和生活方式的重要作用，同时从加拿大的视角对美国的文化霸权主义进行了批判。

从国外学者对软实力研究的领域分布来看，主要集中在软实力理论、实证研究以及对中国软实力建设研究这三个研究方向。第一，对软实力理论的研究包含对软实力理论的认可及进一步深化对软实力内涵和外延的研究，并将其细化为政治、经济、文化等各个方面，寻求不同领域间的逻辑关联，将软实力变成一个系统化的判读标准。第二，从软实力的视角来重新审视大国关系、区域政治等国际实证问题研究。运用软实力理论对东北亚区域政治中朝韩关系的有关分析、对中印关系以及两界的影响的有关分析、对日本以及俄罗斯等国家的软实力进行了分析，等等。第三，对中国软实力建设及其效用的研究。有关中国崛起将对美国造成什么样的影响的问题成为美国各界关注的焦点问题。

值得一提的是，国外学界对中国的软实力的研究表现出极大兴趣，这与我国综合实力，尤其是软实力的提升有着极为紧密的联系。2007 年，美国学者约书亚·库兰茨克出版的《魅力攻势：中国的软实力如何改变世界》一书，是专门探讨中国软实力问题的第一本专著，作者系统地梳理了中国软实力的发展对亚洲乃至整个世界发展所产生的重要影响。美国学者迈克尔·巴尔出版了《中国软实力：谁在害怕中国》一书，此书以西方视角让人们了解中国软实力在国际上的影响力。此外，美国学者黄严中、丁盛的《龙的软肋：中国软实力分析》，德国学者辜学武的《中国已晋升为世界强国?》，美国学者贝茨·吉尔的《中国软实力资源及其局限》，奈尔·雷维克和曹清的《中国的文化软实力：逐渐显现的国家文化安全语境》等也对中国的文化软实力现状及其局限进行了分析与研究。

在这些研究中主要有两种观点，一种观点认为中国软实力获得了长足的进步。例如约书亚·库兰茨克指出中国的软实力是在其硬实力发展受挫的基础上逐步发展起来的，近10年来其通过援助、贸易、投资等软实力策略来打消发展中国家对中国经济发展所产生的疑虑，并和这些国家建立起友好关系，中国通过这些软实力外交明显改善了自身的国际形象。作者通过大量的采访和资料整理，对中国近年的软实力的影响进行了梳理，并且与美国的软实力进行了比较。他认为中国外交这十几年来变得"更加成熟了"，中国的软实力外交明显改变了其在亚洲和世界其他地区的形象，使它在国际舞台上变得更积极活跃，并且更加富有建设性。迈克尔·巴尔也在《中国软实力：谁在害怕中国?》一书中提到中国软实力的提升已不容国际社会忽视，并深刻剖析了中国的国际影响力和国家形象如何影响西方社会。书中不仅从西方视角全面了解中国软实力的国际影响力，而且告诉所有人中国软实力备受关注背后的真正原因是一个国家强劲的崛起势头。另外一种观点则侧重于当前中国文化软实力遭遇的困境。例如2010年日本学者铃木胜吾撰文《中国"软实力"的神话与现实》，指出中国目前尚缺乏一个兼有整体规划与具体方案的软实力战略；①2013年约瑟夫·奈在《中国和俄罗斯不了解的软实力》一文中也表达了对中国软实力建设的某种忧虑，指责中国的软实力建设路径是错误的，并建议中国保持政府政策与行为的一致性，加强自我批判。②但他同时又充分肯定中国这些年软实力的快速增长，他在接受记者采访时这样说："如果忽视中国在软实力方面的进步，是很愚蠢的。中国传统文化一直以来具有吸引力，社会和谐、礼仪、孝道、同情原则等儒家价值广泛传播并深深影响了东

① Shogo Suzuki, "The Myth and Reality of China's 'Soft Power'," in Inderjeet Parmar & Michael Cox, eds., 2010, pp.199—211.

② Joseph S.Nye, Jr., "What China and Russia Don't Get about Soft Power," *Foreign Policy*, April 29, 2013.

亚地区。最近几年，中国已经适应了信息化时代，在全世界创办了几百所孔子学院教授汉语和中国文化，同时不仅成功举办了世博会，还举办了一场'无与伦比'的奥运会，这些都很好地证明了一个国家的软实力。"①《中国软实力资源及其局限》这篇文章从文化、政治观念和外交政策三方面说明了中国的软实力资源正在逐步增强，但是认为，这些软实力资源不会自动转化成中国所期待的成果。主要有三个因素制约着中国政府不能有效利用其软实力：软实力资源的不均衡性、外交政策的合法性受质疑以及外交政策的不协调性。虽然这些研究在一定程度上为中国软实力建设提供了一些可供参考的建议，如保持政策与实施的一致、加强自我批判、调整宣传策略等，但仍有学者戴着"中国威胁论"的有色眼镜，认为中国软实力的提升是在硬的军事、经济威胁之外又多了一个软威胁。因此，必须对国外学者的某些论述保持清醒态度。

二、软实力理论在中国的生存状态

约瑟夫·奈的软实力理论因其适时性与新颖性，对正处于改革开放的中国具有很大的吸引力，使我国学界较早开始了对"软实力"理论的关注和研究，尤其是中共十七大召开以后，国内进一步掀起了软实力研究的热潮。从顶层设计到学理基础，从实证研究到实际建设，提升文化软实力已成为一种全民共识和文化自觉。

（一）我国学界对软实力理论的介绍和接纳

中国学界从1993年以来开始关注软实力问题研究。开始只是个别学者介绍约瑟夫·奈的观点，当时把Soft Power译成"软权力"，并由此进入了软实力理论在中国的引进和传播阶段。这一阶段最早有王沪宁在1993年发表的《作为国家实力的文化：软权力》一文，文中对约瑟夫·奈软实力概念及相关理论进行了介绍，指出"国际风云的变幻和国际力量对比的变化，使'软权力'成为一个国家对外交往的基本力量。硬权力基本上可以在一定的政治共同体内得到和扩展，而软权力更加依赖于国际间对一定文化价值的体认，依

① http://news.china-10.com/308483.html.

赖于一定的体制在国际上得到的支持,所以国家的软权力更加依赖国际文化的势能,即国际整个文化和价值的总趋向”。①除王沪宁外,庞中英的《国际关系中的软力量及其他》、朱峰的《浅议国际关系理论中的“软实力”》、张晓慧的《“软实力”论》、张小明的《约瑟夫·奈的软权力思想分析》、刘德斌的《“软实力”说的由来与发展》、刘卫东的《越来越硬的软实力》、胡耀辉的《约瑟夫·奈的软权力论及其评价》、周琪的《约瑟夫·奈的软权力理论及其启示》等文章都对软实力理论进行了介绍。这些以单纯介绍软实力理论为主的著作解释了何为软实力、软实力产生的背景、软实力的特征或试图对软实力进行准确区别于硬实力的界定,等等。

与此同时还出现大量学者翻译约瑟夫·奈的《注定领导》、《美国力量的悖论》和《软实力:世界政治成功之道》等著作。这类著作基本上是对约瑟夫·奈权力论的阐释和介绍,认为“软权力”的提出是对国际关系理论的进一步补充,是对传统现实主义“硬权力”至上的反思。与此同时,巧实力的概念也慢慢被中国学者所熟悉,渐渐开始探讨软实力与硬实力应怎样结合以提高自己国家的综合国力。而相比之下,独立进行针对中国软实力的研究较少。可见,在这个阶段,中国学者以移植为主,研究为辅,研究成果少且零散,也没有召开过相关的学术会议,更没有建立起以“中国文化软实力研究”为宗旨的专门研究机构和专门学科。

随着对软实力认识的加深,我国学者在思想上认识到了中国软实力独立建设的重要性,但在研究中依旧以约瑟夫·奈的理论为基础与出发点,这一阶段是软实力理论研究在中国的间接嫁接阶段。有不少学者对此提出了独到的见解,指出了中国软实力的现状以及提高中国软实力的现实途径。如在国际政治大局势下中国软实力的三要素、国家形象塑造与软实力之间的关系、在中国这个特殊的大环境下应如何来提升我国软实力等。这一阶段,我国学者的文章,如张战、李海君的《论国际政治中的中国软实力三要素》、赵长茂的《中国需要软实力》、徐知远的《中国的软权力》、谢晓娟的《论软权力中的国家形象及其塑造》、詹得雄的《“软实力”的含义以及对我国的启示》、赵长茂的《中国需要软实力》、邓显超的《提升中国软实力路径》等都以

① 王沪宁:《作为国家实力的文化:软权力》,《复旦学报》(社会科学版),1993年第3期。

约瑟夫·奈的软实力概念为研究基点，并在此基础上努力“嫁接”中国软实力理论。

2004年我国开始推广和建立中国孔子学院之后，在实践过程中，很多学者意识到了中美软实力模式的不同，也开始尝试构建中国思路的软实力理论，针对软实力问题进行中外比较的研究也开始增多，如方长平的《中美软实力比较及其对中国的启示》、阎学通、徐进的《中美软实力比较》、许华的《俄罗斯的软实力外交与国际形象》、时宏远的《软实力与印度的崛起》、李云智的《软实力视角的俄罗斯复苏》、项久雨的《论日本软实力的向度》等。但是，很多理论仍然在内容与研究方法上都摆脱不了约瑟夫·奈的思维定势。由此可见，经历了软实力理论“移植”三阶段的中国学界，在最开始并没有找到较为合适的切入点，也没有形成一定的体系和气候。

（二）我国软实力理论进入顶层设计为研究领域提供明确方向

2007年10月中共十七大召开，“软实力”正式进入官方文件。中共十七大报告明确提出：“文化软实力是综合国力的重要组成部分。”由此，软实力理论在国家顶层设计上逐步得到重视和体现。

2011年10月15日至18日，中共十七届六中全会在北京召开。此次会议审议并颁布了有关深化文化体制改革、推动社会主义文化大发展大繁荣的决定。这是自2007年十七大以来，中共首次将“文化命题”作为中央全会的议题；也是继1996年十四届六中全会讨论思想道德和文化建设问题之后，中共决策层再一次集中探讨文化课题，其战略部署和政治意义备受关注。全会审议通过了《中共中央关于深化文化体制改革推动社会主义文化大发展大繁荣若干重大问题的决定》，指出：“当今世界正处在大发展大变革大调整时期，世界多极化、经济全球化深入发展，科学技术日新月异，各种思想文化交流、交融、交锋更加频繁，文化在综合国力竞争中的地位和作用更加凸显，维护国家文化安全任务更加艰巨，增强国家文化软实力、中华文化国际影响力要求更加紧迫。”①并在精神导向、体制改革、政策措施等多个层面做出重要安排，注重培育主流文化，重振国民精神，部署“文化兴国”战略。寻求一条解决文化

① 引自《中共中央关于深化文化体制改革推动社会主义文化大发展大繁荣若干重大问题的决定》。

问题的政治路径，融合多元文明，实现“先进文化的中国化”，同时通过百家争鸣、百花齐放，发扬传统精神，凝聚文化共识。

2012年，中共十八大报告中又提出，文化是民族的血脉，是人民的精神家园。全面建成小康社会，实现中华民族伟大复兴，必须推动社会主义文化大发展大繁荣，兴起社会主义文化建设新高潮，提高国家文化软实力，发挥文化引领风尚、教育人民、服务社会、推动发展的作用。至此，加强国家文化软实力，扎实推进社会主义文化强国建设成为我国文化发展的又一次积极迈步和探索。

从中共十六大提出“文化体制改革”的任务，到中共十七大将“文化软实力”写入大会报告；从中共十七届六中全会首次从完整意义上制定“文化强国战略”，到中共十八大报告再度强调“建设社会主义文化强国，关键是增强全民族文化创造活力”，体现出我们党和国家对文化建设规律的认识越来越全面，越来越深刻。

中共十八大以来，习近平总书记多次在不同的场合，就国家文化软实力阐发了一系列重要论述。习近平指出，“提高国家文化软实力，关系‘两个一百年’奋斗目标和中华民族伟大复兴中国梦的实现”，“核心价值观是文化软实力的灵魂、文化软实力建设的重点”，“提高国家文化软实力，要努力提高国际话语权，加强国际传播能力建设”。深化文化体制改革，提出“一带一路”倡议等都是国家从宏观层面提升我国文化软实力的有力举措。

（三）文化成为我国软实力研究的切入点

随着软实力理论在国家层面的指向不断得到明晰，我国学界也开始找到了“文化”这一切入口来对软实力进行中国语境下的系统研究。根据约瑟夫·奈的观点，国家软实力主要来自三种资源：文化、政治价值和外交政策。而在当下，与政治价值和外交政策相比，文化作为国家软实力的重要来源具有更为基本的意义，因为“文化对于一个民族的重要性在于，它不仅相对于这个民族要追求的目标而言具有外在的工具价值，而且作为这个民族内在素质的组成部分，对这个民族具有内在价值”。[①]因此，将软实力与文化相结合来研究文化软实力成为国内学界的主流。例如张镇、桑红的《文化：国际政治中的

① 童世骏：《提高国家文化软实力：内涵、背景和任务》，《毛泽东邓小平理论研究》2008年第4期。

软权力》、李智的《试论美国的文化外交:软权力的运用》、李荣静的《浅析当代国际关系中文化因素的作用》、陈玉聃的《论文化软实力的边界》、贾海涛的《文化软实力:概念考辨与理论探源》、余玉花的《论文化软实力观》、洪晓楠、林丹的《马克思主义文化"软实力"理论述要》等。

将文化作为软实力研究的切入点,一方面,是由于文化是民族凝聚力和创造力的重要源泉;另一方面,文化往往构成了同样体现软实力的政治价值和外交政策的核心内容,同时它与经济、军事等"硬实力"有着密切的关联性。特别是在知识经济和信息时代,文化成为民族创造活力的新的增长点,也成为处理国际关系的一个极为有效的维度,例如我国提出的"和谐世界"理念,其背后就蕴藏着丰富的文化内涵。而在讲求国防和军事现代化、顺应经济发展新常态等"硬实力"的今天,文化又可以带来人才、智力等方面的支持。因此,将"文化力"作为国家软实力的研究重点,具有其现实意义。

这些研究呈现出三个显著特点:一是从科研主体来看,从零散研究向有组织研究发展;二是从学科研究来看,从单一国际政治学研究向跨学科综合研究发展;三是从研究重点来看,从诠释西方学者观点向中国软实力话语体系建构发展。与此同时,我国学界对软实力的研究也取得了一定的成果,概括起来主要包括:深化了对"软实力"概念和范畴的认识、对"文化"与"软实力"关系的认识、对提高"文化软实力"与实现中国梦之关系的认识、对文化软实力战略地位的认识、对中国传统文化的软实力的认识、对社会主义核心价值体系在中国文化软实力中地位的认识和对中国传统文化中软实力要素的认识等。

(四)软实力研究在体制机制和阵地上得以强化

我国对于软实力的研究热,还体现在夯实人才基础和智力储备这一重要方面,软实力研究在我国很多高校都已经成为一门显学,越来越多的学府开设了与文化软实力相关的专业,培养专业人才,一些以文化软实力为研究对象的研究中心、院所也相继建立。北京大学、清华大学、武汉大学、华中师范大学、湖南大学、上海外国语大学、济南大学等高校,纷纷建立与文化软实力相关的研究机构,有的还形成校际合作,进一步构建文化软实力研究高地。例如,于2008年12月成立北京大学国家软实力研究院,专门从事"国家软实力"有关的科学研究、创新实践、人才培养、成果转化与服务等工作,其下设文化战略研究中心、文化力研究中心、节庆研究中心、国民体育研究中心、品牌战略研究中心、中国教育研究中心、中国平衡论研究中心等下属机构。研究院注重吸收校内各相关院系，强调校外优势机构、企业参与，通过这一个开放的、跨学科的、多专业视角的平台，完成更高水平的综合性知识集结、科研成果及转化。①此后，北京大学国际关系学院国家文化软实力研究中心相继成立，该中心以中华文化与当代中国价值观念传播研究为重点，以建设国内一流、国际知名的文化软实力研究智库为目标，为我国文化软实力研究再添新阵地。此外，由湖南大学牵头培育组建的“国家文化软实力研究协同创新中心”也得到了北京大学、清华大学、中国人民大学、中国社会科学院世界社会主义研究中心、中国社会科学院国家文化安全与意识形态建设研究中心等29家科研单位的热情加盟。这29家协同创新单位以“国家急需、世界一流、制度先进、贡献巨大”为标准，以全面提高国家文化软实力为主题，以“开展深度合作、建立战略联盟、促进资源共享、促进政产学研用紧密结合、促进社会各类创新力量的协同创新”为途径，推动合作单位文化软实力研究创新能力的提升，并创办了第一份《文化软实力》学术刊物。

而在专业人才的培养方面，相关院校也在不断适应社会需求的变化，从办学理念、教学目标、教学方式、教材编纂、社会实践等方面入手，开设人才培养途径，健全人才培养机制。

三、国外在软实力建设方面实践成果丰硕

在国外尤其是西方发达国家，软实力理论不仅在学术研究上枝繁叶茂，在实践方面也如火如荼，这种文化自觉已经养育成行为自觉，使文化软实力从理论研究与实际建设比翼双飞、携手并进，而且这两方面互为因果，相得益彰。

（一）以美国为代表的西方各国争相强化本国软实力建设

美国作为一个超级大国，其文化软实力对本国发展的作用不言而喻，美

---

① 朱孔来、马宗国：《国内外软实力研究现状综述及未来展望》，《济南大学学报》(社会科学版)，2010年第6期，第20卷。

国的软实力建设有着极为深厚的根基和较为鲜明的发展主线。以“个人主义、平等、自由、敢于冒险、创新”为中心的“美国信条”，在18世纪末开始的西进运动中得到了进一步发酵，从而塑造出通过自我奋斗实现个人梦想的“美国精神”。“美国精神”集中体现了美国文化对创新、竞争的尊重，从而推动了19世纪末20世纪初进步主义运动时期的创新热情。以爱迪生为代表的美国科学家在发明创造中取得了举世瞩目的成就，美国由此迅速走到电气化工业时代的前沿。他们不仅在北美大陆上大肆进行领土扩张，同时希望将美国的文化与价值观向全世界输出。

冷战结束后，美国文化及其价值观的全球扩张迎来了历史性的机遇。随着苏联的解体，以及所谓的民主化“第四波浪潮”的持续冲击，美国价值观得以在地域范围上向东欧、俄罗斯、中亚各国以及其他发展中国家传播扩散。美国文化挟全球化之力大规模扩张，其标榜的价值观跟随英语、好莱坞影片、可口可乐、麦当劳等迅速扩散到世界多个角落。全球化甚至一度被不少人等同于“美国化”。

美国的文化产业，尤其是核心文化产业，使美国在他国人民心目中呈现出一个令人激动、充满异国情调、强大富足、引领潮流、现代与创新的先锋形象。美国的这一美好形象引发了许多他国民众的“美国梦”情结。以美国好莱坞电影为例，其他国家民众对美国文化的认同和向往，有助于美国提升其对这些国家的影响力，也有助于美国达到重要的外交政策目标。当前，美国好莱坞电影具有全球影响力，其管理方式采用了现代企业经营管理模式，以经济利益为取向，以市场需求为导向，表面似乎看不出意识形态控制的影子。从20世纪初的卓别林喜剧到20世纪末的《泰坦尼克号》，再到后来的《阿凡达》，美国电影热潮席卷全球每个国家和地区的每个角落。美国电影体裁和主题多样，其中充斥着大量的美国梦主题，这与美国人的价值观是息息相通的。其电影处处体现着美国文化的强势，价值观的核心就是美国梦。美国梦一直是美国人的文化核心和精神支柱，正是这种人人都可以通过自身的勤奋努力而最终实现自我梦想的动力在不断激励着美国人，也在不断吸引着世界各地的人对之顶礼膜拜、趋之若鹜。不论是《当幸福来敲门》中幸福随处可见，把握机会终能得到幸福的主旨，抑或是《阿甘正传》中阿甘永不停歇的跑步精神，还是《疯狂动物城》把不可能变为可能，无不体现着美国奋斗精神。

这些电影的热映，不但为美国带来丰厚的票房收入，使美国在全球文化市场上获得了巨大的商业利润，更重要的是，通过影视的传播，美国的价值观念和意识形态潜移默化、长驱直入地传达给全世界人民。

而强大的文化传播力离不开其发达的传媒行业。美国的报刊与广播电视等传媒几乎垄断了全球视听市场，在2015年福布斯发布的全球企业2 000强的榜单中，媒体公司前十强全部来自美国。①而由世界媒体实验室编制的2015年度《世界媒体500强》排行榜中，美国占据95席，平均营业收入高达62.47亿美元。②借助超强的媒体传播力，美国可以利用几乎覆盖全世界的新闻传播网络，不间断地向全世界各个角落传播美国文化的价值观，增强其文化软实力。

在新兴的网络和手机文化方面，美国也占据着霸主之位。2014年，美国互联网行业的总产值为9 662亿美元，占全美GDP的6%，这个比例几乎是7年前的两倍。③Google（谷歌）、Facebook（脸书）、Twitter（推特）、Pinterest（视觉社交网站）、Snapchat（“阅后即焚”）等世界知名的互联网企业把世界聚合在一个地球村。以Facebook为例，这家只有11年历史的公司每天达到10亿用户的访问量，从大公司的高层人士到小商店的年轻母亲，都可以接入这个由客户和熟人构建的网络社会。在手机文化方面，以苹果为首的企业在世界刮起了智能手机的旋风，现如今，iphone手机已经不仅仅是一款产品，更是一种消费文化和生活方式的代名词。

美国强大的文化软实力得益于美国社会的文化和创新基因，也得益于美国政府的相关政策与措施的保驾护航。1929年，美国在经历了社会经济的沉寂之后，美国政府开始注意到文化产品的“疗伤”作用。在政府的主导下，一系列促进文化发展的政策法规出台，包括《联邦戏剧计划》、《联邦音乐计划》、《联邦艺术计划》、《联邦作家计划》和《历史调查记录计划》等，经济复苏后，相关的法律、政策不断提出和完善，主要体现为强化版权的法律维护，如电影法、新闻法、知识产权法等一系列法规，都突出强调版权意识，规范文化创作行为；其次是发挥行业协会作用，制定行业规范，如电影的分级制等，同时建

① 数据来源：http://www.jzwcom.com/jzw/e5/10592.html。
② 数据来源：http://news.xinhuanet.com/newmedia/2015-12/29/c_1117617782.htm。
③ 数据来源：http://cul.qq.com/a/20151225/023051.htm。

立制片人工会、演员工会、摄影师工会等专业工会来确保文化专业人才的发展和权益保障；再者就是在优惠政策鼓励扶植方面，美国联邦政府主要通过国家艺术基金会、国家人文基金会和博物馆学会等组织机构对文化艺术产业给予资助，美国文化产业所需资金少量来自各级政府，大部分来自私人、企业和基金会的赞助和票房赢利。这些都为美国的文化软实力崛起和长足发展提供了有力保障。另一方面，美国通过文化产业的方式，如通过影视、音乐、动漫、游戏等文化产品和服务，经由国际通行的市场经济体制进行文化贸易来提升文化影响力，使美国在他国人民心目中呈现出一个令人激动、充满异国情调、强大富足、引领潮流、现代与创新的先锋形象。

除了美国以外，其他西方国家也都纷纷加紧了在软实力建设上的实践。英国对“软实力”主要侧重于文化外交和英语国际传播。英国文化软实力体现在对于当下的流行文化、流行时尚以及日常休闲生活的享乐。例如，《哈利·波特》以小说和电影的方式在10多年里实现了全球性的广泛传播，这是相当长的一个时期以来所仅见的一种文化现象。英国足球文化的发达与扩散也是一例。最近一次习近平主席在访问英国期间也专程访问了曼城队。实际上有专门的调查数据表明，在世界球迷数量排名前十的足球俱乐部里，英国足球俱乐部占据了半壁江山。再比如说我们讲“披头士”的歌曲，至今传唱不休，其实是用一种歌曲形式来讲述特定的时代观念，这在当时是一种创新，同时，歌曲的歌词也体现了一种全球性的普遍价值，所以才获得了广泛的影响，包括在世界各国的反响。从这个意义上讲，这是其他国家的文化软实力难以达到的高度。

法国有重视思想文化的传统，拿破仑就曾强调，一支笔就等于1 000支毛瑟枪，最终都是思想战胜宝剑。法国非常注重保护、挖掘其文化软实力资源。以生活文化为基础的时尚文化、品牌文化的影响力一直巨大，对其经济的支撑力很强。这一方面，诸如法国的美食、葡萄酒、时装、化妆品和工业设计等生活文化一直深刻影响全球文化，在许多不同的社会中，这些来自具体的物质层面的文化对法国的形象营造的意义很大，构成了许多社会对于法国文化的痴迷。法国的奢侈品通过其品牌形象的塑造、品牌影响力的辐射往往取得了“跨文化”的功能，让几乎全球特别是一些新兴国家正在快速增长的中产阶层和具有消费能力的年轻人痴迷。

德国是马克思、恩格斯、爱因斯坦、康德、尼采、歌德、席勒、贝多芬、黑格尔、海德格尔、胡塞尔等一大批历史文化名人的故乡，德国一方面把文化充分运用于外交领域；另一方面，对纳粹德国发动二战、屠杀犹太人等事件深刻忏悔，以赢得国际社会的原谅和好感，塑造其真诚的良好国家形象。提起德国，还有一部分文化不能不谈起，即最能凸显德国传统与智慧的文化——汽车文化。德国生产的汽车是最能代表当代德国工业生产水平、科技发展水平与德意志民族社会文化的一个载体，在德意志民族文化中最具代表性。德国汽车长期以来积淀下来的文化优势，通过形成汽车品牌的形式，行驶在世界各地。奔驰、保时捷、奥迪、宝马、大众、劳斯莱斯等大家耳熟能详的汽车品牌均凝聚着德意志民族独有的严谨、认真的品质特色，它们的名字在一定程度上成了当今世界名牌和高品质汽车的代名词。

二战结束后，日本经济实力迅速提高，但和平宪法限制其发展军事力量，政府继而开始以增强软实力的方式提升自己的国际影响力，试图借助经济、文化和对外援助等多种手段在全球加强攻势，为日本的崛起造势。日本政府提出了“文化立国”战略，其目的就是要在全球推广日本文化，确立日本文化在亚太地区的主导地位，提高国家文化软实力，在全球推广日语和动漫文化，是日本政府提升文化软实力的两个优先方向。

而韩国作为世界文化产业五强之一，自金大中政府于1998年提出“文化强国”方针后，先后颁布了《文化产业发展五年计划》、《文化产业前景》和《文化产业发展推进计划》等10多部法律法规，使其文化产业得到突飞猛进的发展，尤其是韩国的影视、音乐等更是在亚洲乃至全世界掀起了一股强劲的“韩流”，韩国电影的出口额从1995年的21万美元，猛升至2004年的5 828万美元，增长近300倍，①一曲《江南STYLE》更是形成了全世界的娱乐狂欢，成为当年下载量最高的歌曲。还有众多明星成为各地年轻人追捧的对象，韩国的服饰、饮食等文化元素也通过韩剧得到了充分推广，大大激活了韩国的文化软实力。

（二）文化品牌塑造成为西方国家提升文化软实力的重要抓手

国外许多国家不仅从制度建设、社会生活、文化产业等方面提升本国文

① 吕其庆：《韩国文化软实力建设的路径》，《中国国情国力》2014年10月总第261期。

化软实力，还善于通过打造文化品牌和文化名片，壮大本国的文化影响力和吸引力，丰富和强化提升文化软实力的方法和途径，使文化软实力建设真正落地，生根发芽。

例如，早在20世纪80年代中期，欧盟推出欧洲“文化城市”计划，1999年欧盟决定以“欧洲文化之都”称号取代“文化城市”。举办这一活动的目的，是宣扬欧洲共同文化价值，让民众广泛参与，促进欧盟成员国及城市之间文化交流，体现欧洲多语言特性，并鼓励欧洲文化与世界其他文化的对话。这一活动自1985年开始以来，每年都有一或两座城市荣获这个称号，在享受称号的一年中，该市不仅有机会展示本市、本地区具有象征性的文化亮点、文化遗产和文化领域的发展与创新，而且吸引欧盟其他成员国的艺术家、表演家到该市表演和展出。这些城市也利用文化之都的际遇，彻底改造自己的文化基地和设施。通过举办文化之都活动，扩大了这些城市的知名度，吸引了更多的游客，促进了文化旅游业的发展，同时吸引了新的投资，也提高了就业率，更重要的是它把欧洲人紧密地连在一起。实践证明，这一活动的影响力无论对于获得称号的城市还是整个欧洲都是巨大的。

与此同时，各种艺术节也成为西方文化软实力的集中体现。这些艺术节虽然由来不同，但都在提升了本国的文化软实力的同时，增强了本国的文化吸引力和感召力。例如著名的爱丁堡艺术节、萨尔茨堡艺术节、布雷根茨水上戏剧节、赫尔辛基艺术节、巴黎秋季艺术节等，都彰显着本国强大的文化魅力。艺术节上表演的各种精彩纷呈的节目逐渐打造出他们自己独有的文化品牌，这些文化品牌的共同特点是都有悠久的历史，并顺应时代的发展，将继承传统文化与表现时代特色相结合，焕发出新的活力。对内，艺术节凸显了城市的历史文化意识，提升了大众的艺术审美能力，陶冶了观众的情操，促进和激发了市民的精神文化需求；对外，使得本国具有极强的感染力和号召力，成功的艺术节不仅能大大地增加本国的知名度，形成长久性的文化品牌，吸引世界各地的文化走进来，同时也能让各国观众将本国文化带到他们的国家，加快加深本国文化走出去的速度和程度。

除艺术节外，各种行业奖项的评选活动也散发出文化软实力的无穷魅力。以美国为例，美国电影艺术与科学学院奖（奥斯卡奖）的颁奖典礼每年都会在超过100个国家进行电视直播；美国录音界与世界音乐界最重要的音乐奖项之一的格莱美奖，也以其权威性、公正性和广泛的影响力吸引着世界音乐爱好者的目光。其他包括音乐剧界的“托尼奖”、电视界的“艾美奖”等都具有相当大的国际影响力，无不彰显着美国的文化影响力及其在文化领域中强大的话语权。

这些节庆活动已然成为活动举办国的一个文化标识，除此之外，一大批文化精品也纷纷为国家文化软实力增色，就像人们谈起英国摇滚乐，就不得不想起披头士乐队，而聊到美国摇滚乐就不得不谈及老鹰乐队一样，这些文化精品大多成为一个国家文化软实力的名片。一些文化名人也当之无愧成为一个民族或时代文化的代表，例如被誉为流行音乐之王、世界舞王，世界乐坛、演艺圈里绝无仅有和最具代表性的风云人物之一的迈克尔·杰克逊，从 20 世纪 80 年代起便为整个现代流行音乐史缔造了一个传奇时代，是美国流行文化的典型代表。此外，一些场域或地标也成为文化软实力的象征，如巴黎卢浮宫是艺术珍品的殿堂，纽约百老汇大道仿佛讲述着音乐剧的前世今生，洛杉矶的好莱坞像是一部美国电影工业的教科书……当某一部经典作品、某一位传奇人物、某一处文化地标被世人称道，这背后所折射出的文化之光就已经照进了人们的心中，成为一国文化软实力最具说服力的金字招牌。

四、我国加速推进文化软实力建设

对照西方的软实力建设实践，反观我国自身的情况，我们会发现，尽管从横向比较上，我国的文化软实力与一些发达国家仍存在较大距离，但在纵向的比较上，经过改革开放以来的长足发展，我国在软实力建设方面依旧取得了不小的成绩，并直接体现在文化设施建设、文化产业发展等方面。

（一）文化基础设施建设为文化发展积极铺路

软实力理论的提出，正值我国改革开放初期，此后我国进入了一个文化软实力硬件设施的大发展时期，各主要城市的文化场馆相继开工建设，公共文化事业也由此进入发展快车道。

以剧院为例，1990 年以前，从 20 世纪 50 年代开始到 60 年代，国内演艺建筑建设处于停顿状态，均为原有或改建的剧院或影院。这个时期我国一共有 24 个剧场，主要集中在北京、上海、广州等地。70 年代到 80 年代初，我国演艺建筑和声学设计技术属于起步阶段，这个时期较为典型的剧场有北京天桥剧场、广州星海音乐厅等。而 20 世纪 90 年代以后，在改革开放的指引下，我国文化设施建设领域迎来新的历史时期，1998 年建成并投入使用的上海大剧院，标志着我国开始有了国际水平的现代化剧场，正式翻开了我国现代化大剧院建设新篇章。此后的 2000—2010 年间，东莞玉兰大剧院、武汉琴台大剧院、武汉琴台音乐厅、青岛大剧院、国家大剧院等的建成，标志着国内第二代剧院建筑向声学、技术和艺术高峰继续攀爬。2010 年至今，以广州大剧院、甘肃大剧院、哈尔滨大剧院、江苏大剧院等为代表，我国的剧院场馆建设在建筑艺术、建筑声学等方面达到了新的高度，这一时期也是我国剧院建设的一个高峰期。

据不完全统计，1998 年以来，全国新建、改扩建剧场 266 个，总投资约 1 000 亿元。其中，1998—2000 年建成 34 个，"十五"期间建成 61 个，"十一五"期间

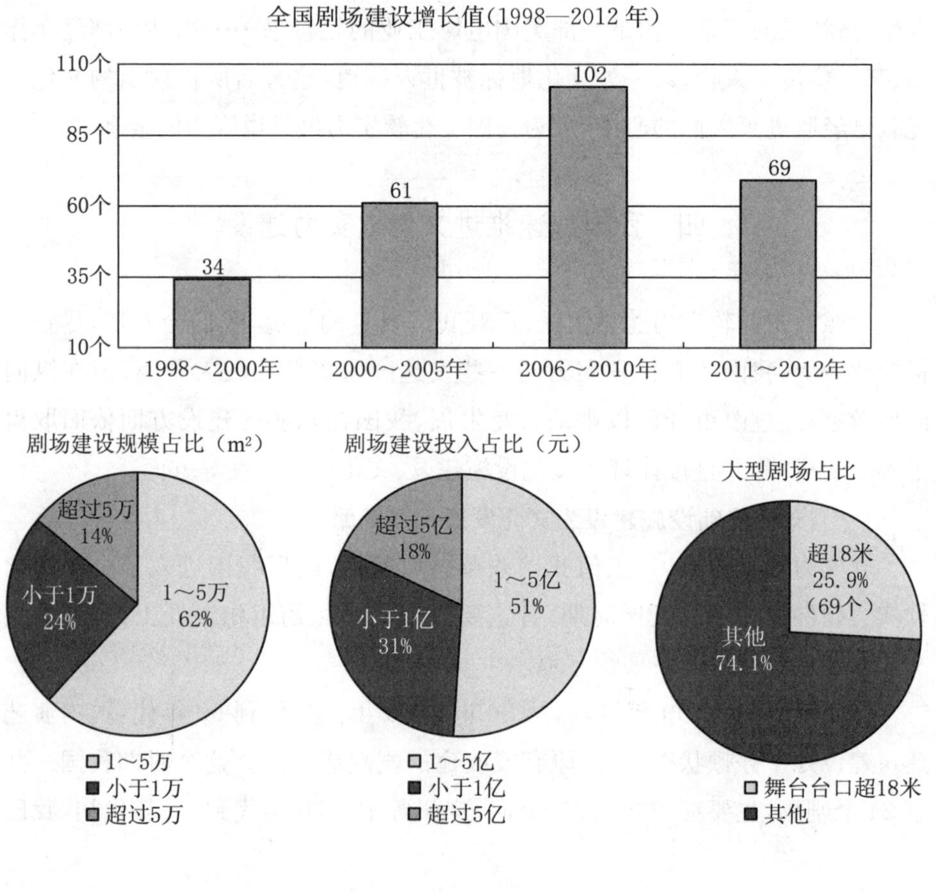

建成102个,"十二五"前两年建成69个,建设步伐明显加快。从建设规模来看,62%的剧场面积在1万到5万平方米之间,面积小于1万平方米和超过5万平方米的分别占24%和14%;从建设投入来看,51%的剧场建设总投资在1亿元到5亿元之间,建设总投资小于1亿元和超过5亿元的分别占31%和18%;从建设内容来看,剧场的设施功能不断完善,设备配置不断齐全,演出条件不断改善,包括国家大剧院在内,舞台台口宽度超过18米的大型剧场有69个,占25.9%。①这些剧场一方面为城市增添了文化氛围和艺术品位,成为当地新的文化地标;另一方面为人民群众欣赏文艺演出、享受文化改革发展成果提供了广阔舞台,有力地推动了舞台艺术的繁荣和文化产业的发展,在传播社会主义先进文化、丰富人民群众精神生活等方面发挥了积极而重要的作用。

(二)文化产业发展成为文化软实力建设的强大推力

文化场馆建设风生水起,文化内容生产也欣欣向荣,文化产业发展日益成为文化软实力建设的新亮点。其中最为引人注目的就是近年来中国电影市场展现出的勃勃生机。进入21世纪,尤其是2010年以来,我国电影产业发展驶上快车道,2001年,国产故事片电影总和只有88部,到2010年,国产故事片电影的数量便达到了526部,2013年我国生产故事片电影638部,相比于2001年提升了625%。②在票房方面的增速也极为可观,2010年,中国电影全年票房首次突破百亿元大关,2013年票房达217.69亿元,2014年总票房为296.39亿元,2015年全国电影总票房达到440.69亿元,比2014年增长48.7%。2015年,类型丰富、风格多样、特色鲜明的多部国产影片轮番称雄国内电影市场,以《捉妖记》为代表的国产类幻想电影、以《大圣归来》为代表的国产原创动画电影,以及以《刺客聂隐娘》等为代表的一批具有较高水准的文化电影,都为2015年的国产大银幕增添了一抹抹亮色。《2016中国电影产业研究报告》的数据显示:2015年,中国生产故事片686部,其中院线上映320部,占上映总数383部的83.55%,比2014年上映部数259部有大幅增加,显示出国产电影创作生产活跃和质量的提高。2015年,共有48部国产影片票

① 数据来源:http://www.mcprc.gov.cn/whzx/bnsjdt/cws/201312/t20131203_424379.html。
② 黄冬虹:《中国电影产业发展现状研究》,《传媒》2014年9月(上)。

房过亿元,比 2014 年的 36 部增长了 33%;票房过千万元影片有 128 部,比 2014 年的 105 部增长了 22%,两项指标涨幅明显,是创作活力与市场认可的表征。①

国产故事片产量增幅(2001—2013 年)

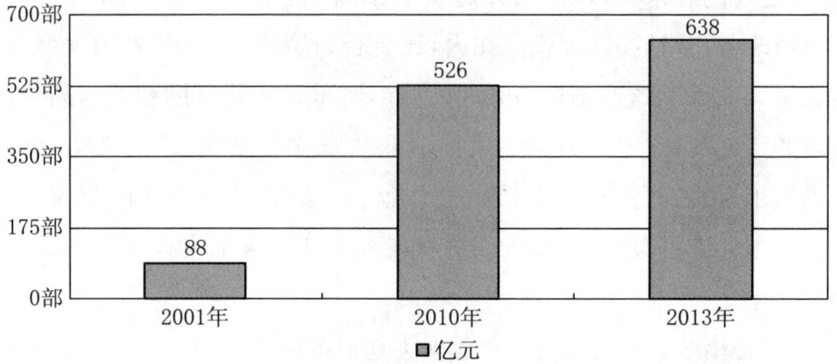

中国电影票房增速(2010—2015 年)

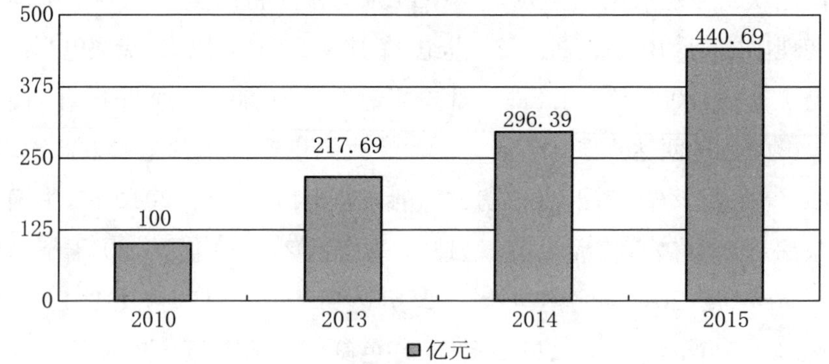

在电视剧方面,"十二五"期间,我国电视剧年产量稳定在 1.5 万集左右,是当之无愧的电视剧第一生产大国。2011 年,全国生产完成并获得《国产电视剧发行许可证》的剧目共计 469 部、14 942 集;2012 年,共生产 506 部、17 703 集,其中现实题材作品成为电视剧产量增长的主力军,共计 284 部、9 274 集;2013 年,共生产 441 部、15 770 集,生产供大于求的局面得到了初步扭转;2014 年,共生产 429 部、15 983 集;2015 年,截至 11 月底,获准发行国产

① 《2014 中国电影产业研究报告》、《2015 中国电影产业研究报告》、《2016 中国电影产业研究报告》。

电视剧310部、13 102集，较去年同期部数减少45部，集数增加323集。[①]不仅在数量上高产，在质量上我国电视剧也不断提质，题材类型日益多样，投资主体更加多元，以《历史转折中的邓小平》、《平凡的世界》、《北平无战事》为代表的大批优秀作品，满足了人民群众的精神文化需求，也产生了良好的社会效益和经济效益。

（三）城市化的推进带动城市文化软实力的快速提升

在我国城市化建设以前所未有的速度大力推进时，城市在文化建设中扮演着极为重要的角色。近年来，我国各城市为了擦亮城市名片，凸显城市文化特色，在文化建设方面作出了不少卓有成效的努力，成为我国文化软实力建设进程中的一景，尤其是城市公共文化建设以及各种城市节庆文化活动的蓬勃开展，已经成为城市文化的一个重要组成部分，成为满足市民文化娱乐需求，展示城市魅力，促进城市发展，提升城市影响力的一个重要载体。据不完全统计，2012年全国各地开展大大小小的节庆突破1万次并呈现逐年迅猛递增的局面。[②]这些节庆文化活动不仅能够挖掘城市的文化资源，提高城市文化品位，还能通过大力宣传推广节庆活动品牌，吸引观光、娱乐和休闲的八方来客，带动旅游业等相关产业的发展，并以此促进节庆产业的优化升级，为城市名片赋予更多的经济价值、文化价值和社会价值。

（四）加强国际文化交流和塑造负责任的大国形象

中国在国际舞台上积极营造文化交流的机会，塑造大国形象，尤其是2008年北京奥运会和2010年上海世博会的成功举行，更是提供了一个让中国了解世界，也让世界了解中国的最佳平台。来自全世界不同地区、不同国家的文化汇同于此，充分融合、协调。此外，G20峰会、APEAC会议、中非合作论坛、中国——东盟博览会等国际性、区域性盛会的成功举办，使中国在处理国际事务上逐步占据主动权和话语权，"一带一路"倡议、亚洲基础设施投资银行的设立等，更是提升了我国在规则制定、参与国际事务方面的能力和影响。在国际舞台上，我国提出的"命运共同体"理念成为中国文化价值观中普世性的最佳体现，并在世界范围内产生了强烈的价值认同。而中国提出的

① 《"十二五"期间国产剧年产量1.5万集 由增量到提质》，《中国新闻出版广电报》2015年12月23日。

② 叶朗：《中国文化产业年度发展报告（2013）》，北京大学出版社2013年版。

"和平共处五项原则"为处理国家之间的问题提供了基本的行为规范;中国长期对第三世界国家的援助,获得了第三世界人民的好评;中国在处理国际事务中坚持和平友好的对外政策,更是获得了全世界国家的赞扬和尊重。这些实实在在的形象工程逐步树立起中国是一个"负责任的大国"形象,并得到了世界广泛的认同。

五、我国文化软实力研究需要寻求新视野

中国作为一个新型的全球大国,应该以强大的文化软实力体现和传播中国的核心价值观念,承担起建立全球文化新格局的重大责任。因此,我国的文化软实力研究必须与时俱进,才能为提升国家文化软实力提供有力的智力支撑。结合时代变化新趋势,探究如何实现软实力与新业态之间的耦合,如何用好软实力理论讲好中国故事,塑造中国形象,如何传播中国的核心价值观,进而建立大国话语权,促进国际文化交流合作,如何以城市文化作为新的核心要素打造我国的文化软实力等,都可以成为文化软实力研究中具有相当价值的新方向、新视野。这既是对国外学界在中国发展文化软实力方面存疑的一种积极回应,更是为我国在新的时代条件下发展文化软实力提供一种有力的探索。

(一)理论研究应关注新问题新挑战

现阶段,我国的文化软实力得到了长足发展和进步,但许多新问题新挑战也随之而来,因此学界应该对这些新问题新挑战给予足够的关注,才能在新的历史条件下为提升我国文化软实力找到新途径。

在理论研究中,除了学理性上的研究,还应该针对目前文化发展现状,探讨以下几个方面的问题:一是文化软件与硬件的矛盾问题;二是政府与市场在文化发展中的地位与作用问题;三是文化机制体制改革问题;四是对新媒体、自媒体、文创企业等体制外文化软实力的研究;五是对文化消费新常态的研究。既要不断创新思想理论体系和话语体系,又要保持问题意识和导向意识,根植于建设中国特色社会主义的伟大实践,实现理论引领与科研成果转化,使我国文化软实力建设跃上新台阶。

(二)要以创新推动文化产业与文化传播的优化升级

中共十八届五中全会提出:必须把创新摆在国家发展全局的核心位置,

不断推进理论创新、制度创新、科技创新、文化创新等各方面创新，让创新贯穿党和国家一切工作，让创新在全社会蔚然成风。文化产业作为紧跟时代脉搏的最为鲜活的一种业态，应该使之成为创新发展的试验田、练兵场，通过文化与科技的融合、文化与相关业态的跨界联动，构建新的文化地缘格局，拓展对外文化贸易，促进文化产业的优化升级，进而推动我国文化软实力进一步提升。

当前，传播技术日新月异，传播手段不断翻新，互联网等新兴媒体的地位和作用在战略布局上更加突出，努力提高现代信息技术条件下的国际传播能力，提高本土互联网平台等新兴媒体在海外的辐射力和影响力，从而更有效地打破西方的信息垄断，对于全面提升我国的文化软实力至关重要。新媒体改变了文化传播的方式，增强了文化因素的凝聚力，在新媒体情境下，可以最大程度地体现“沟通与反馈”的第一时间性及多元性；其次，新媒体提升了文化传播的趣味性，增强了文化因素的吸引力，新媒体作为集声音、图片、文字于一体，并能触发主体的视觉、听觉等多种感官感受的新型传媒，可以有效提升文化传播的吸引力和感召力；与此同时，新媒体也拓宽了文化传播的范围，增强了文化因素的世界影响力，对于讲好中国故事、塑造中国形象极为有利。

例如，上海世博会中国馆内的动态版《清明上河图》，高 6.3 米，长 130 余米，约是原图的 30 倍，用 12 台电影级投影仪以 4 分钟为一个周期，动态呈现宋朝盛世的都市日夜风情，将传统绘画艺术与现代多媒体技术巧妙结合，创新了古代艺术的呈现形式，增强了艺术的吸引力和感染力。此外，全息投影、VR 全景技术等也都纷纷开始在会展、影视等领域崭露头角，这势必为文化产业的发展注入新活力。因此目前尤其要处理好继承与创新的关系，把弘扬传统文化与创建新的话语体系、传播方式与业态建构结合起来。克服理论研究多，实践研究少；规范研究多，实证研究少；定性研究多，定量研究少；口号形式多，实用价值少的弊端。

（三）把握核心价值观和话语权塑造中国形象

国家文化软实力需要一种精神内核作为支撑，我国的社会主义核心价值观对社会发展具有极其重要的价值，是我国的品格和追求所在，彰显着我国文化软实力的内涵，指引着我国各项事业的改革发展，同时也是我国处理全球问题的一种文化智慧，是构建我国话语体系的思想源泉。在大国话语权日益成为国家文化软实力核心要素的今天，牢牢把握社会主义核心价值观，并以此为基点重塑国家叙事的魅力，让世界更好了解中国，才能在国际舞台上牢牢掌握大国话语权。

大国话语权与良好的国家形象直接相关，而要打造中国形象，除了有精神内核作为触发点以外，还需要做好国家文化的交流与传播。近年来，中国在世界许多国家开展了一系列有针对性的丰富多彩的文化活动，逐步形成一系列有影响力的文化外宣品牌，如利用传统节日为契机，举办“欢乐春节”、“感知中国”等文化活动；在法国、英国和俄罗斯等国家举办中国文化年活动；在世界各地开办孔子学院和中国文化中心等，这些文化交流活动的举办，既向世界展示了当代中国的风采，也为中华文化的输出提供了机遇。与此同时，包括北京奥运会、上海世博会、博鳌论坛和世界互联网大会等大型体育赛事、文化展览、文艺演出、学术论坛等，也有效展示了中国现代多彩的世界，为世人认识一个真实、开放的中国，促进中外文化交流提供了宝贵的机会。

（四）注重特色城市文化的建设与发展

城市作为文化一种载体和容器，在文化软实力建设中扮演着重要角色，尤其是在城市化进程不断加快的今天，城市的文化特质已经成为一座城市，乃至一个国家文化软实力的重要体现。当千城一面等城市病日益突出地摆在人们面前，挖掘城市文化的成因、发展，探索城市特色文化的新路径及其在文化软实力建设中的价值，将具有更加重要的现实意义。把城市文化纳入文化软实力建设的范畴中来，是文化产业发展的需要，是城市转型升级的需要，也是国家文化软实力提升不断寻求新的着力点的需要。

当然，除了梳理城市的历史传统，凝练城市精神与城市特色文化以外，也应当放眼当下和未来，关注城市新的文化生长点，为城市软实力发展拓展新的方向。例如近年来在一些大中城市兴起的“创客”一族，就为焕发城市创造活力，造就新的城市文化提供了极大空间。2015 年 3 月 29 日，来自上海创客中心等近 90 家创业服务组织，共同成立了上海“众创空间”联盟，为上海新型孵化器资源共享、交流合作搭建平台，同时，2015“创业在上海”创新创业大赛，以及创业浦江行动计划同时启动。根据这一计划，到 2020 年，上海将集聚各类科技创业者超过 20 万人；科技小巨人企业超过 3 000 家，机构式天使投资和创业投资基金超过 100 支，形成一批优秀的创业社区，使上海成为全国创业养分最充沛的“创新之城”。[①]创客文化，不仅为上海这座正在努力建成“科创中心”的国际大都市找到了新的创新支点，也丰富了上海海纳百川、追求卓越、开明睿智、大气谦和城市精神文化内涵。

2016 年 5 月 11 日国务院通过了《长江三角洲城市群发展规划》，首次提出“提升上海的全球城市功能”，作为“全球城市”上海就不能囿于一隅，而要信心满满、理直气壮地站在全球中心城市的行列，这亟须上海全面打造城市文化软实力。

（五）挖掘新文化生态下的软实力富矿

在跨界融合、“互联网＋”等新思维、新常态下，催生出了许多新的文化现象。这些新生事物蕴藏着极为丰富的文化元素，对其加以引导，整合利用，使其转变为文化软实力的丰沛资源，就能在新的历史条件下，形成城市发展具有战略意义的开掘，也是提升国家文化软实力的重要助推器。

前一阵子热播并取得极佳口碑的电视剧《琅琊榜》，就是由网络小说改编而来，然后在电视、互联网上同步推出，并通过海外视频网站 YouTube 吸引了众多国外观众，使我国电视剧真正开始实现了“墙内开花内外皆香”，这是互联网、文学、影视等多个领域的跨界融合带来的好处。除此之外，“二次元文化”、“网红效应”、极限运动、流行文化等逐渐进入人们的日常生活，作为时代的产物，这些现象的产生与发展在某种程度上迎合了大众的需求，我们应加强对相关领域的研究，因势利导，顺势而为挖掘其有益成分，一定能使其在文化建设中大有作为。

在“互联网＋”的大背景下，音乐、文学、游戏、旅游、金融等原本单一个体的传统业态，逐渐走向跨界融合，形成多元互动的文化新生态。网络文学可以与网游、网剧，甚至网络购物相适配，形成某种文化 IP，最终产生巨大的商业价值与变现空间。以“二次元文化”为例，《2016—2020 年中国二次元行业深度调研及投资前景预测报告》中指出，目前我国的二次元行业市场规模不断扩大，产业市场规模已达到 1 000 亿元，5 年后将迎来 1 000 亿美元的市场份额。消费需求潜力正在迸发，2015 年，核心二次元用户规模已达到 5 939 万人，泛二次元用户规模达 1.6 亿人，二次元用户总人数近 2.19 亿，且用户人

① 数据来源：http://gb.cri.cn/1321/2015/06/05/1427s4987903.htm。

均每年在二次元文化周边消费 1 700 元，这预示着强大的市场潜力。而细分到具体领域，漫画、动画、游戏及衍生领域等均形成了良好的发展态势。2015 年，国产动漫迅速发展，喷涌出数部佳作，如《十万个冷笑话》，国产动漫覆盖率超 40%，首次超越日本动漫；二次元手游市场更是迅猛发展，从 2014 年起步到 2015 年快速发展，整个市场增速超过 150%，达到 13.84 亿元；而周边产品、影游联动、网剧开发等衍生领域都在探索有效途径以实现商业价值。①由此可见，新的文化生态有着极强的生命力，是文化软实力的富矿。

新的科技手段的文化传播方式成为构建新的文化生态的主力军，这也极大改变着人们的日常生活。例如，微信可以实现微信购票、景区导览、规划路线等功能。在一些景区，游客在景区门口不用排队，只要在景区扫一扫微信二维码，即可实现微信支付。购票后，微信将根据市民的购票信息，进行智能线路推送。而且，微信电子二维码门票自助扫码过闸机，无需人工检票入园。而在教育领域，面向中小学、大学、职业教育、IT 培训等多层次人群开放课程，可以足不出户在家上课。在网络购物和智能金融等方面，“互联网+”对人们生活方式的改变则更加明显，毫不夸张地说，网购已经成为今天人们日常生活的一部分。这些新生的生活方式，蕴藏着新鲜的消费文化、城市文化，通过这些途径，将文化有机灌注其中，必将形成新的社交场域、舆论场域、文化场域，进而带动我国的文化软实力向新的领域不断拓展，保持文化软实力的无穷活力。

① 《2016—2020 年中国二次元行业深度调研及投资前景预测报告》。

第二章 创新驱动与文化产业新业态

环顾全球风云，随着世界多极化、经济全球化、文化多样化、社会信息化的深入发展，各种文化潮流和文化产品的交流、交易、交融和交锋更加密集，各国文化软实力的竞争在空前的广度和深度中展开。根据2015年12月，由联合国教科文组织秘书长伊莲娜·博科娃作序，EY机构承担的《文化时代——第一份全球文化创意产业的全球报告》，2013年全球文化创意产业市场规模（Global CCI Market）已经达到22 500亿美元，2013年全球文化创意产业的从业人员（Global CCI Employment）已经达到2 950万人。①这些文化创意产业成果不仅贡献了大量经济价值，而且体现了以人为本的宗旨和人类社会的可持续发展。一个国家如果缺乏在全球文化创意产业和文化贸易中的作为，必然在文化软实力的竞争中边缘化。

中国要在全球文化软实力竞争中形成巨大的优势，必须抓住关键环节即文化创新力的建设。从文化的本质意义上说，文化成果的价值就在于创新，即突破前人的成果而贡献新理念、新内容、新产品、新模式的能力。在21世纪世界多极化、经济全球化、社会信息化的背景下，文化创新力突出地表现为汇聚全球文化创新资源，包括创业投资、领先技术、创意人才、联通网络等，持续地创造出文化新样式、新业态、新服务，并且辐射海内外，引领世界潮流的综合能力。文化创新力犹如城市能量的巨大喷泉，它显示得越长久越壮丽，就会越强烈地吸引全球创新人士赶来奔赴这一场“机会盛宴”；同时，它提供给各国人民分享的文化新经验、新模式和新产品越多，越能在全球的文化贸易中形成巨大的优势，也就可以获得全球范围的尊重和敬仰，对全人类提供更

① “Cultural Times—First Global Map of Cultural and Creative Industry,” http://www.cisac.org/Cisac-University/Library/Studies-Guides/Cultural-Times-The-First-Global-Map-of-Cultural-and-Creative-Industries.

加广泛的公共文化服务。

中国要形成文化创新力的巨大优势，首先要推动文化创造与科技进步的有效融合，培育科技型、智慧型、创新型的文化企业群体。在人类历史上，每一次科技进步带来的成果，从电气、电影到无线电技术，都深刻地改变了人类文化生产要素的组合方式。自从工业革命以来，人类创造的物质财富比之前数千年创造的财富总和还要多，而进入数字化、网络化、信息化时代以来，人类创造和分享财富的能力又是工业化时代难以比拟的。比如第一代互联网在全球传输一份普通信件的速度是 0.03 秒，比用传真传输快了 100 倍以上，而第二代宽带和第三代移动互联网传输图像、视频和音频的速度又是第一代互联网的 100 倍以上。方兴未艾的“穿戴式智能设备”以及 AR 和 VR 技术的应用，在体现全面感知、互联互通、智能服务的便利性方面，又将比第三代移动互联网跨上更高的台阶，正在酝酿着文化传播和文化消费方式的又一次革命性飞跃。①

中国建设成为文化创新大国，需要形成新的文化地缘大战略和大格局。地理是人类赖以生存的物理基础，而地缘是在一定地理条件下的国家利益、政治格局、文化能量等的总和，是国家发挥综合实力的生存空间。中国拥有超辽阔的国土，超巨大的人口，超悠久的历史，这在全世界是独一无二。正如英国学者马丁·雅克指出的：“与近代许多单一的民族国家不同，中国实际上就是一个具备多样性的文明实体”，②而中国又能够保持多样化的高度统一。③随着中国提出的“一带一路”倡议和区域发展战略的逐步实施，中国在推动文化创新，提升文化软实力方面，也形成新的文化地缘大格局，突破传统观念中面向陆地、背向海洋的局限性，形成统筹两个大局、兼备海陆、贯通两洋，整合全球创新资源的新文化地缘战略，在实施层面上，要因地制宜，形成从沿海国际化大城市到辽阔的内陆城乡，从发达地区的工商业强市到历史遗产富

① 《2016 年华为全球链接指数报告》进一步指出：“数字经济”即由数字技术驱动的经济近年来年均增长率达 10%，是全球增长率的 3 倍。2015 年全球电子商务交易量高达 24 万亿美元，占全球交易量的 30%，其中大部分是通过 25 亿台智能终端完成的。这与全球 74 亿人口相比较，还有巨大的增长空间。

② 马丁·雅克：《当中国统治世界——中国的崛起和西方世界的衰落》，张莉、刘曲译，中信出版社 2010 年版，第 209 页。

③ 马丁·雅克：《大国雄心：一个永不褪色的大国梦》，孙豫宁等译，中信出版社 2016 年版，第 51—53 页。

集地区，开发多样化的文化产业发展模式。

一、文化创新力是中国文化软实力的强大引擎

（一）文化创新力是国家文化软实力的基本动力

一个国家的综合国力包括一个国家生存和发展所拥有的，即物质力量和精神力量、现实力量和潜在力量在内的全部实力，它包括以军事、科技、经济力量所组成的硬实力，也包括以政治力、文化力和外交力所组成的软实力。所谓文化软实力是在历史、现实和未来的三个维度上展开，从历史传承的维度来看，它体现了一个国家对历史文化遗产的传承、解释和开发的能力，体现了积累文化资源的深度和规模；从现实开发的维度来看，它体现了一个国家进行文化创造、文化生产和文化贸易的能力，体现了通过创新和生产而形成提供文化产品的广度和可持续能力；从引导未来的维度来看，它体现了一个国家的文化成果对处于不同发展程度上的其他国家和民族所具有的影响力，也就是这个国家通过优秀文化成果而在国际社会中发挥的文化前瞻性和引导力。国家文化软实力是指以国民普遍认同的核心价值观念为引领，展开文化积累、文化传承、文化培养、文化创造、文化生产、文化贸易、文化传播等环节的整合能力。21 世纪全球文化软实力的竞争，正呈现四大特点：

第一，文化软实力的核心是凝聚力和号召力。文化软实力在本质上是以人为本的，必然以人文理想的追求为导向，以先进思想的创造作为重点，以人文价值的表达为核心，以广大国民的精神认同为基础。这种凝聚力和号召力不仅仅代表了大多数国民的共同理想，而且体现了人类普遍的价值观念和愿景向往。

第二，文化软实力的来源是创新力和参与力。文化软实力建设需要共同参与、多样包容、广泛创造、社会共享、平等竞争，自主创新是它的根本动力，多样化是它的主要价值，民主参与是它的活力之源，制度化建设是它的基本保障。只有这样才能激发广大国民的创新积极性。

第三，文化软实力的优势是生产力和贸易力。文化产业的能级和规模决定了文化产品在全球的流通，也决定了价值观念在全世界的传播。这些文化创意产业成果不仅贡献了大量经济价值，而且体现了以人为本的宗旨和人类

社会的可持续发展。一个国家如果缺乏在全球文化创意产业和国际文化贸易中的作为,必然在文化软实力的竞争中被边缘化。

第四,文化软实力的路径是亲和力和传播力。文化的力量必须通过说服、感染、沟通、交流来形成。在信息化和全球化的时代,文化软实力的传播具有双向性、即时性和全域性:不但强势文化可以向弱势群体进行辐射,而且弱势文化也可以对强势群体形成反向的影响力,并且不断扩大影响范围。

针对着文化软实力竞争的潮流,全球主要国家都在探索发展文化软实力的模式,重点是顺应国家战略,应对国际变局,形成文化软实力的基本定位、目标取舍和资源配置。一种文化软实力模式的有效性,不但体现在推动文化软实力质量和规模的增长,而且本身就成为吸引追随者的文化榜样。恰如华盛顿世界安全研究所俄罗斯和欧亚项目主任尼古拉·兹洛宾指出:“从古至今大国间的对抗实际就是发展模式的对抗。世界寻求有吸引力的新模式……国家间在各方面展开竞争,失败者要被迫接受为胜利者带来成功的模式。”①

(二)文化创新力是壮大全球文化影响力的基础

文化创新力是一个国家文化软实力的强大引擎,它集中体现在这个国家创造文化新产品、新项目、新业态的规模优势和领导能力。一个国家文化产业所贡献的大量文化产品和文化服务,与意识形态的政治价值有相融的部分,更有与之不同的特殊价值。它不但包含了核心价值观念和意识形态,而且超越了政治、伦理和意识形态,在更高的意义上创造了美。它不仅仅表达了一种对真理、伦理和科学的追求,而且包含了对美的想象力和表达力,创造丰富多彩的文化内容和艺术形式,具有直达人心的感染力和影响力。由于美的创造具有共享性,所以,一个国家的文化创新力越是旺盛,创造的文化艺术产品越是高级,美的创造越是活跃,等于它向世界各国提供的文化公共产品越多,为人类积累的文化财富越多。这是文化强国的文化软实力必须以文化创新力为重点的内在需求。

从文化成果的本质来看,它的根本价值就在于创新,是突破前人的水平而贡献新的理念、内容、产品、形式的能力。国家文化整体实力中的创新力,包含了创意、创新、创造。在全球化、信息化时代,各个国家和城市都深浅不

① 尼古拉·兹洛宾:《世界寻求有吸引力的新模式》,《参考消息》2011年7月25日。

一地连接到一个巨大的网络中。只有文化创新力，才是全球公认和喜爱的文化硬通货。所有具有全球权威的影视、音乐、动漫、新闻、游戏、视觉艺术、工业、时尚、建筑和包装设计等奖项，都是以创新作为首要标准的。所有发展迅速的文化创意产业领域，包括数字出版、电子游戏、互动服务、影视动画、新型视听、文化众筹等，更是受到创新的强劲驱动。诚如英国学者查尔斯·兰德利所说："在崭新的城市构架下，创意是主要的通货之一。"他用一个五重奏公式来评价创新文化作为世界硬通货的特点："好奇心(curiosity)、想象力(imagination)、创意(creativity)、创新(innovation)与发明(invention)这五个关键词，构成了无懈可击的五重奏。"①在这样一个全球的创新竞争中，中国作为全球大国必须占领制高点。习近平主席指出："创新是一个民族进步的灵魂，是一个国家兴旺发达的不竭源泉，也是中华民族最鲜明的民族禀赋。"②"创新始终是推动一个国家、一个民族向前发展的重要力量。我国是一个发展中大国，必须把创新驱动发展战略实施好。"③

第一，文化创新力体现了一个国家文化创造力的总体质量。费孝通先生说："文化是什么？就是共同生活的人群在长期的历史当中逐渐形成并高度认同的民族经验，包括政治、文化、意识形态、价值观念、伦理道德、社会理想、生活习惯、各种制度等。这是在千百年的历史当中形成的民族经验。"④这种民族经验以文化符号的方式，积淀和保存了不同的人群在应对各种挑战和危机中所创造出来的知识和智慧。从文化的本质意义上说，文化成果的价值就在于创新，体现了人类突破前人的成果而贡献新的理念、内容、产品、形式和消费的能力。正如童世骏教授所说："一个国家文化创造的能力，体现了国民的内在素质和文明的发达程度。由于文化具有可分享性，一个国家具有强大的文化创造能力，就意味着它有能力为本民族和其他民族的更好生活做出贡献，也就容易获得其他国家国民在观念上的尊重、情感上的亲

---

① Charles Landry, *The Creative City*, London & New York 2008.

② 2014年1月6日，习近平在会见嫦娥三号任务参研参试人员代表时的讲话，www.people.com，2014年1月6日。

③ 《习近平主持召开中央财经领导小组第七次会议》，人民网，www.people.com，2015年8月19日。

④ 费孝通：《进入21世纪的回顾和前瞻》(在第七届"现代化与中国文化研讨会"上的讲话)，载《费孝通九十新语》，重庆出版社2005年版，第176页。

近、行动上的支持。”①它的文化创新力所达到的智慧高度、质量等级和丰富程度越高，它提供给后人的影响也越大。

第二，文化创新力体现了一个国家文化软实力的核心资源。创新能力包含了创意、创新、创造。这三者语义相近，在内涵上各有侧重。创意，即理念和观念的创造；创新，即通过各种新技术、新模式、新路径，而带来生产方式的重组；创造，即把创意转化成为实际的产品并使之成为受到法律认可保护的成果。这三者依托的，都是一个国家的创新型人才和文化创新活力。在21世纪全球化和数字化的背景下，文化产品在全球传播的速度正在惊人地增长。在“渠道取胜，内容为王”的时代，如果一个国家无法贡献大量的创新内容，那么，这些技术先进的渠道就如同一个国家的高速公路网上只能行驶别国的汽车和货物一样，这个国家在全球文化竞争的格局中就被边缘化了。

第三，文化创新力成为一个国家吸引全球文化认同的重要魅力。在全球化时代，各个国家和城市的文化都在相互交融，连接到了一个巨大的城市化网络上。正如英国学者查尔斯·兰德利所说：“在崭新的城市构架下，创意是主要的通货之一。”②在全球范围内，最能够唤起共同美誉度和认同感的，那就是文化创新力，即一个国家在文化创新力方面所达到的智慧高度、质量等级和规模体量。无论是全球性的影视、音乐、动漫、新闻、游戏、美术等大奖，还是工业外观、建筑景观和包装设计的评选，都是以创新和创意作为首要标准的。比如，1955年在德国埃森市创立的“红点奖”被公认为国际性创意和设计的权威标志，其宗旨是“促进环境和人类和谐的设计”；1979年创立的普利兹克奖有建筑界的诺贝尔奖之称，以表彰杰出设计师在建筑设计创作中所表现出的才智、洞察力和献身精神；著名的ACM SIGGRAPH（世界计算机协会电脑图像与互动技术组织）是世界上影响最广、规模最大、最权威的一个集科学、艺术、商业于一身的电脑绘图展示会和学术研讨会，同样以电脑图像和互动技术的前瞻性和创新成果为标志，成为全球该领域创新成果的集中展示平台，每年的展会都呈现行业内最顶尖的技术成果，比如现在通用的“像素”、“图层”、“顶点”等词汇和3D动画等理念，最初都是在SIGGRAPH展会上发

① 童世骏：《文化软实力》，重庆出版社2008年版，第15—18页。

② 查尔斯·兰德利：《创意城市——如何打造都市创意生活圈》，清华大学出版社2010年版，第5页。

表而后推向全世界的。

第四，文化创新力是培育一个国家总体创新力的必要条件。文化创新力是融汇一个国家和城市创新战略中的各类要素的连接点，它对经济、科学和技术的创新都提供了一个良好的环境，成为一种优良的社会共识DNA。联合国贸发会议《创意经济报告》引用欧洲事务公司(KEA)的成果指出：创意包括四个子系统：科学创意、经济创意、文化创意、技术创意。文化创意包括：想象力，是一种产生原创观念和用新的文字、图像和声音方式解释世界的能力；科学和技术的创意包括好奇心，是一种勇于实验和在解决问题时创建新联系的能力；经济创意包括应用能力，是一种在商业、技术和市场营销过程中不断创新的竞争能力。这四种能力，必须在优良的创新文化环境中组合起来才能发挥最大的效应。有鉴于此，中国发展文化软实力，应该形成具有时代特点和中国特色的文化创新力体系。

二、壮大文化创新力重在培育创新型文化主体

（一）建设文化创新大国是中国的必然选择

中国发展文化软实力，是中国基于和平发展道路的必然选择。这一基本前提包含两方面的含义：一是服从国家战略目标，即实现中华民族的伟大复兴和推动人类的和平发展。有鉴于此，中国建设文化软实力不是为了自我封闭，也不是为了霸权扩张，而是推动和平崛起，维护世界和平，体现中国文化对当代世界文化发展的贡献；二是体现中国和平发展的方式，即中国崛起是通过和平方式而非武力扩张和霸权掠夺方式。这就内在地要求中国是一个最有引领性、亲和力和吸引力的“文化创新大国”，既坚持自强和创新，也推动竞合与共赢，既坚持国家利益和基本原则，也推动包容与交融，这是与西方大国崛起不同的发展模式。

第一，中国所要建设的文化创新大国应具有创意、创新、创造的强大能量，能够在文化各个领域的主题、技艺、品种、魅力、形态等方面，以人文精神与运作模式、艺术质量与表现技能以及文化特色等的结合，长期保持引领的活力，引导人类文化发展的潮流。而拥有全球权威性的重大文化和艺术奖项、荣誉在一定程度上代表了创新大国的能量。

第二，中国所要建设的文化创新大国在全球文化生产的供应链、文化产业的价值链、文化品牌的服务链、文化科研的研发链等四大链条中，具有举足轻重的规模，能够通过覆盖全球的文化贸易网络，提供大量的文化产品和服务，特别是在科技含量高、创意含量高、全球市场广阔的设计、影视、视听、网络文化服务等文化生产和贸易领域，占有主流的地位。

第三，中国所要建设的文化创新大国能够设计和提出具有前瞻性、全球性的议题和理念，占领全球有识之士共同关注的文化理念制高点，率先建立全球共同参与的文化合作机制，比如“保护和推动文化多样化”、“全球治理机制”、“信息安全国际行为准则”“可持续发展”等，引导全球的有识之士和机构，共同探讨影响全人类发展的文化前景。①

第四，中国所要建设的文化创新大国具有推崇创新的广泛社会共识，文化的创新力与国家的科技、产业、商业等创新力机制融为一体。世界历史证明：现代化必须以思想、制度和科技创新为基本的前导、动力和方式，现代化社会的基本特征除工业化、城市化、科技化、民主化以外，必然还是一个创新化社会，是一个创新活力、创新效率、创新成果远远超过现代化之前的社会。中国要迈向现代化的世界强国，必然也是一个文化创新大国。

中国文化创新力的壮大，归根结底必须依托一批创新型的文化企业和企业家。中国在2015年的GDP总量达到67.67万亿元，约合11万亿美元，中国2015年GDP增长6.9%，人均GDP达到5.2万元，成为全球第二大经济体。从各项指标来看，中国已经进入到工业化中后期，正在积极推动生产方式的转变，向更高的生产力阶段跨越。在知识经济和信息文明的阶段，经济和社会的增长主要依赖知识、信息、科技、创意、资本等高级要素的投入。在这个阶段，文化产业作为知识型、创意型、绿色型产业的增长特点越发明显，即越来越需要创新型的企业家作为可持续增长的动力，具体表现在：企业家具有将资金积累转化为有效投资并形成资本的能力；企业家的创业和创新，可以

① 比如：2011年9月，中国、俄罗斯、塔吉克斯坦、乌兹别克斯坦联合向第66届联合国大会提交“信息安全国际行为准则”草案；2011年11月，在英国伦敦举行的“网络空间国际会议”宣布启动“互联网全球治理的伦敦进程”，旨在推动制定网络空间的“行为规范”。2012年10月4—5日，网络安全问题国际会议在匈牙利布达佩斯召开。中方提出全球网络安全治理的五项基本原则：“网络主权”“平衡”“和平利用网络”“公平发展”“国际合作”，成为中国在全球网络治理领域引导“话语权”的典型案例。

降低其他投资方式积累的边际效用递减，形成可持续增长；创新型的文化企业是吸纳就业、提高居民收入的主渠道；企业家通过对需求的不断试错以创造新的市场，转化潜在需求，由此促进消费增长。有鉴于此，唯有培育出大批创新型的文化企业和文化企业家，才能推动中国文化生产力的可持续增长。

图 1　经济增长的三大阶段和增长方式的变化①

（二）中国提升文化创新力的优势与弱点

英国国家科学和艺术基金会发表长篇研究报告《中国的吸引力的状态》，根据大量数据的分析指出：中国作为一个科学和创新的强力引擎，作为全球范围内一个最快的追赶者，犹如一个神话中的阿基里斯巨人，正在以惊人的速度增强创新能力，特别是以上海为中心的长三角城市群、环北京城市群、珠三角城市群等，正在开发出大量的创新成果。②如果说：20 年前中国是一个大量移植别人成果的国家，那么今天中国正在成为吸引全球创新人才和资源的大国。

① 由作者设计绘制。
② NESTA, "China's Absorptive State," Oct. 2013.

国内外智库的大量研究，提醒我们认识中国文化软实力的核心要素。它固然包括文化遗产、设施、院校、节庆等，但是它最被全球有识之士看重的是文化创新力，即汇聚全球文化创新资源，包括创业投资、领先技术、创意人才、联通网络等，持续地创造出文化新样式、新业态、新服务，并且辐射海内外，引领世界潮流的综合能力。它提供给各国人民分享的文化经验、模式和产品越多，越能获得全球范围的尊重和敬仰。从这个意义上说，中国要建设文化强国，必然要成为世界性的文化创新大国。

近年来，在各级政府的推动下，中国有利于文化创业、创新和企业家成长的制度环境正在逐步成熟，企业家精神在文化产业中形成了越来越重要的动力作用，而且涌现了一批创新型的文化领军企业。以全国最有代表性的中国文化企业30强评选为例，2016年由《光明日报》等评选的第七届中国文化企业30强中，30家中国文化企业主营收入达到2 802亿元，净资产2 503亿元，净利润272亿元。其中，主营收入、净资产均创历史新高，分别比上届增长14%、21%，连续两年保持超过10%的增长率。包括保利文化集团股份有限公司、宋城演艺发展股份有限公司、中国对外文化集团、山水盛典文化产业有限公司、完美世界(北京)网络技术有限公司、深圳华强文化科技集团、科大讯飞股份有限公司、北京万达等的30强文化企业，在推动中国文化“走出去”方面的力度越来越强盛，其中共有23家企业开展了出口业务，比上届增加3家，实现出口总额52亿元，比上届增长33%。

在一大批创新型文化企业的带动下，中国文化产业以创意、创新、创造为强大动力，向着集约化、规模化和专业化的方向，不断提升。2000年中国文化产业的增加值达到900亿人民币，占GDP的比重为1%，到2010年中国文化产业的增加值达到8 400亿人民币，占GDP的比重为2.75%，而到了2014年，中国文化产业的增加值达到23 940亿人民币，占GDP的比重为3.76%。

同时，必须清醒地看到：在中国文化的整体实力中，文化生产的规模化和集约化水平增长比较快，较为薄弱的是文化内容的创新和创造能力。改革开放30多年来，中国文化产品的物质形态有了巨大的增长，如中国国产的电视动画片已经从20世纪90年代的4 000多分钟，猛增到2011年的26.32万分钟，而后就逐渐下滑，2015年呈现出不到18万分钟的递减趋势，说明动画片等文化产品的生产已经进入一个重要的拐点，即不能单纯追求产能的增

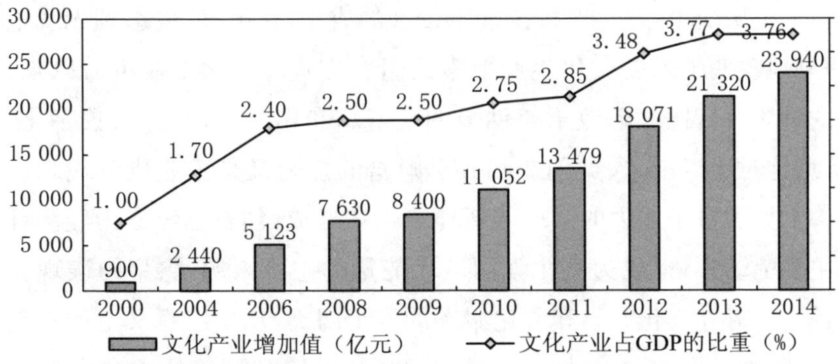

图 2 中国文化产业增加值和占 GDP 的比重(2000—2014 年)①

长，更需要有一批提炼中国和人类丰富的遗产，展示"中国梦"的魅力，获得国内外普遍认同，产生广泛影响的文化精品力作。中国急需的不是扩大文化产品的产能，而是提炼和创造文化内容的精华。但是这些巨大的资源还没有转化成为当代的文化精品。

比如：中国缺少以 10 种以上语言在全球发行 1 亿册以上的单部文学作品，在全球票房超过 3 亿美元的电影和动画电影，少有连续演出达 10 年的优秀演出剧目，在全球具有偶像意义的音乐、电影和演艺明星。在全球具有标志性的 20 多个文化奖项和文化评选，如诺贝尔奖、普利策奖、艾美奖、奥斯卡奖、金球奖、格莱美奖、普利兹克建筑奖等方面，中国主办或中国获奖所占的比重与经济大国的地位不相符，有许多是空白。正如中共十八大报告所指出的："建设社会主义文化强国，关键是增强全民族文化创造活力"，中国建设文化强国，面对建党 100 年和建国 100 年的两大时间节点，必须以建设文化创新大国为重点，推动体制和机制改革，让全民族的文化创意、创新、创造活力得以充分涌流。

三、文化创新力要以文化科技融合作为不竭源泉

（一）文化科技融合是推动文化创新的主要源泉

中国要迈向全球文化创新大国，首先要推动文化创造与科技进步的有效

① 作者根据国家统计局颁布的历年数据整理和绘制。

融合。在人类历史上,每一次科技进步带来的成果,从电气、电影到无线电技术,都深刻地改变了人类文化生产要素的组合方式。自从工业革命以来,人类创造的物质财富比之前数千年创造的财富总和还要多,而进入数字化、网络化、信息化时代以来,人类创造和分享财富的能力又是工业化时代难以比拟的。一个更加富于活力的全球创新环境正在形成,创新已经成为经济社会发展的主要驱动力,也成为文化强国巨大能量的主要来源,它集中表现在三个方面:第一,对外文化产品和文化服务的各个门类,从传统意义上的在地生产、在场开发和在线交易三大类,依托互联网、电脑和通信技术向大融合转变;第二,对外文化交流和文化贸易,由文化产品出口为主向货品、服务、技术、资本、管理输出的相结合转变;第三,对外文化交流和文化贸易的竞争优势,由文化产品竞争的优势为主向战略、技术、品牌、质量、服务为核心的综合竞争优势转变。

有鉴于此,主要国家发展文化产业和对外文化贸易,都在优化进出口结构,重点发展文化科技融合的新领域、新媒体、新样式。2012 年 2 月,美国物理学家马克 · P.米尔斯(Mark P.Mills)、工程与应用专家朱勒 · M.奥迪诺(Julio M.Ottino)发表《科技变革将引领新的经济繁荣》的重要文章,指出:在一百年前的 1910 年代,电气化、电话、汽车、不锈钢和无线电的发明和普及,使美国人的富裕程度在一百年间增长了 700%。一百年后的今天,人类正处于三场宏大技术变革的开端,即大数据、智能制造和无线网络革命。[①]上述三大科技潮流与通信技术、计算机技术、视听技术、新材料技术、仿真技术、生态节能技术等六大技术的快速发展,催生了数字内容、数字出版、网络互动视听、超高清晰影视等一系列新的文化产品和服务形态,也使得文化产品和服务贸易不断打破边界,国际文化市场日趋开放融合。如美国影碟租赁公司 Netflix 提供的“即时看”为消费者提供在电脑、联网电视、iPad、游戏机、蓝光影碟机、智能手机等 800 多种智能设备上通过在线流媒体服务观看正版电影,就是一个扩大对外文化交流和文化贸易的有效渠道。2013 年开始,Netflix 从渠道

---

① 美国物理学家马克 · P.米尔斯、工程与应用专家朱勒 M.奥迪诺 2012 年 1 月在《华尔街日报》发表《科技变革将引领新的经济繁荣》,指出:1912 年前后出现的新技术——电气化、电话、汽车、不锈钢和无线电使美国人的富裕程度在一百年间增长了 700%。一百年后的 2012 年 1 月,我们再次处于三场宏大技术变革的开端,它们可能足以匹敌上个世纪的那场变革。

商进入到内容投资和开发商的领域，它的网站以流视频方式连续向全球市场播放电视连续剧《纸牌屋》第1部和第2部，全球用户在播放期间猛增到4 600万户，其中3 438万本土用户，其余是国外用户，而亚马逊、谷歌、YouTube等互联网企业巨头，纷纷大规模地投入数字原创内容开发。

根据WTO和UNCTAD的有关数据，近10年来，全球所有创意产业各门类出口都有增长，平均增幅在10.4%，其中创意服务的出口增幅高达17.1%，明显超过创意产品的出口增幅11.5%，其中建筑设计服务出口增幅达20.9%，研发服务出口增幅达14.8%。这些数据说明，文化创意服务贸易已经成为文化贸易中增长最快、市场需求最旺盛、国际流通最快的领域。在全球文化贸易额中，发达国家的出口优势集中在艺术、视听、设计、新媒体等知识密集型和技术密集型领域。①

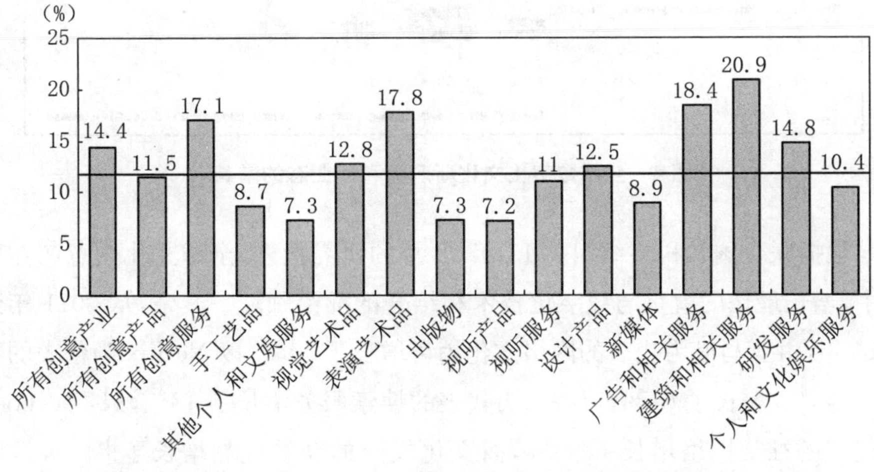

图3 全球所有创意产业各门类出口额的增长率(2002—2010年)②

(二)中国必须在文化科技融合创新方面后来居上

今天，人类社会又一次沐浴在科技太阳升起的灿烂霞光中。作为知识型、创意型的产业，文化生产力的发展从来不是无本之木，而必须具备三大基本条件：1.对资源的高度依赖，即根据市场的需求，把文化资源、资本资源、技术资源、制度资源等有机地整合起来；2.对人才的高度依赖性：文化产品的核

①② 作者根据WTO和UNCTAD的数据整理和绘制。

心是人的创意、知识、智慧和技能的结晶，是人的创造性的发挥；3.对开放和多元包容的高度依赖性，需要不同文化基因的交融，激发人们的创作活力，在优化整合和竞争淘汰中形成综合的文化生产力优势。

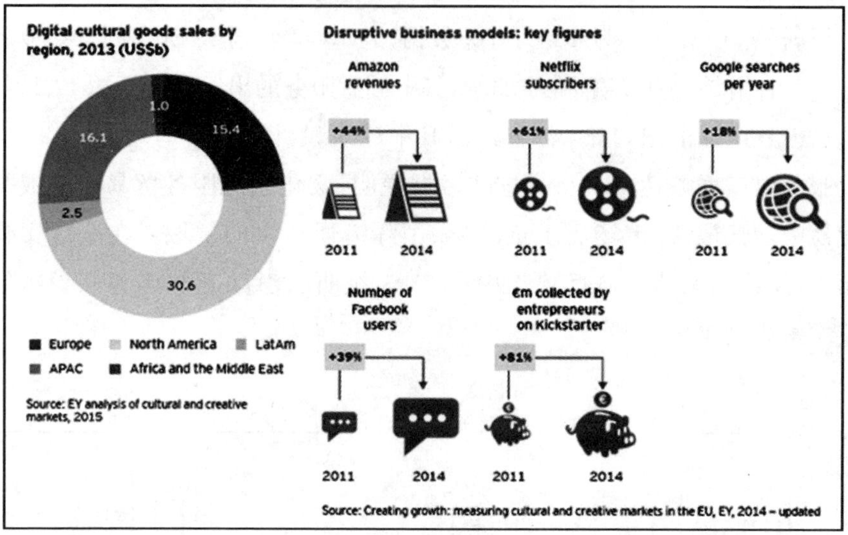

图 4　全球数字化文化新产品和新业态的增长①

根据联合国教科文组织 2015 年 12 月的研究报告，全球文化创意产业领域中，增长最快的就是与数字化技术相结合的前沿领域。其中，从 2011 年到 2014 年，由亚马逊为代表的网络文化销售增长了 44％，以 Netflix 为代表的网络内容服务增长了 61％，以谷歌为代表的搜索服务增长了 18％，以 Facebook 为代表的社交网络增长了 39％，而文化投资的众筹竟然增长了 81％，显示了网络化、多样化、互动型、国际化的文化生产力新业态，吸引了大批社会资金的投入。欧洲事务公司智库报告也指出，许多视听服务的领军企业，主要或者部分地进行数字传播，这有利于它们从技术聚合和双边市场中获得双重利益。②

① "Cultural Times—First Global Map of Cultural and Creative Industry," http://www.cisac.org/Cisac-University/Library/Studies-Guides/Cultural-Times-The-First-Global-Map-of-Cultural-and-Creative-Industries.

② 欧洲事务公司智库报告，KEA, "The Economy of Culture in Europe with figures from the European Audiovisual Observatory, " UNESCO & UNDP: Creative Economy Report 2013 Special Edition。

大国决战岂止在战场。在文化与科技融合创新的领域中，中国正在发挥优势、凝聚力量、奋起直追。近年来，中国文化产业增长最快、影响力最大的，就是文化与科技融合的前沿领域。2012 年以来，国家科技部、中宣部、文化部、广电总局、新闻出版总署五部门联合发布了两批国家级文化和科技融合示范基地，上海在各省市中率先制定和颁布了《上海推进文化和科技融合发展三年行动计划》，北京、深圳、安徽、湖南等省市也颁布和实施了推动文化与科技融合发展的指导意见，大大促进了各地文化与科技融合发展的积极性。根据大量数据统计的材料，2014 年，中国的数字出版产业规模达到 3 387.7 亿元，增长了 33.36%，中国的互联网广告规模达到 1 540 亿元，增长了 40%，中国的网络游戏规模达到 1 097 亿元，增长了 27.8%，大大超过了出版、电影、演艺等传统产业，而且出现了新兴媒体与传统媒体、新兴业态与传统业态相互融合的重要趋势。

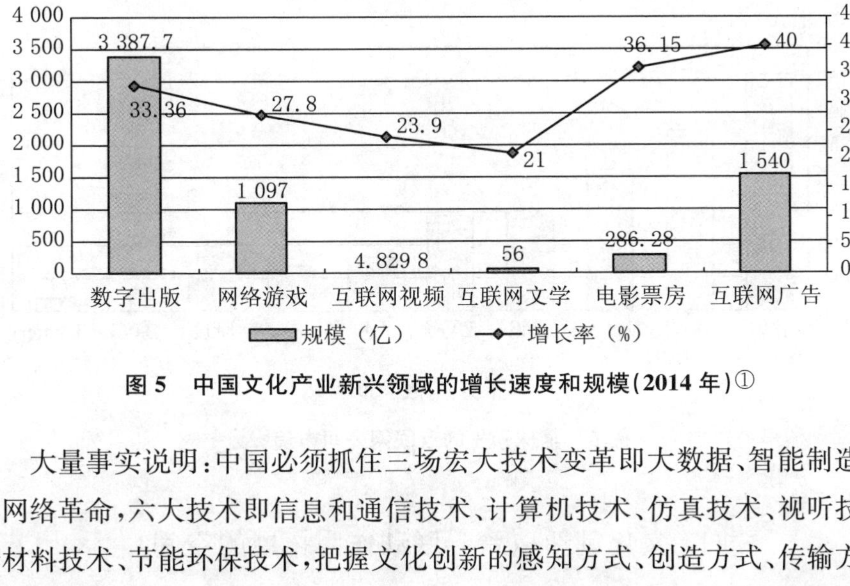

图 5　中国文化产业新兴领域的增长速度和规模(2014 年)①

大量事实说明：中国必须抓住三场宏大技术变革即大数据、智能制造、移动网络革命，六大技术即信息和通信技术、计算机技术、仿真技术、视听技术、新材料技术、节能环保技术，把握文化创新的感知方式、创造方式、传输方式、消费方式所带来的前所未有的广阔空间，大力发展 3D 电影、电脑仿真、数字游戏、人机互动、网络音乐、数字出版等一系列新型文化艺术生产方式和表现样式，促成文化产业链、文化资源供应链和文化服务品牌链的重组。文化产

① 作者根据《2014 年中国数字出版业运行总况》www.chyxx.com 2015 年 11 月 10 日和《CNNIC：2015 年第 35 次中国互联网络发展状况统计报告》等资料进行综合设计与绘制。

业和文化贸易的新业态是在新一代信息技术革命、新工业革命以及制造业与服务业融合发展的背景下，以市场为导向，以技术、应用和模式创新为内核，在产业中相互融合所产生的新型经济活动或产业形态。

新业态和新产业的"新"，最突出的特征就是科学技术的进步，采用推动型和嵌入型两大模式，培育了数字出版、互联网教育、电子游戏、数字音乐、新型视听、新型会展、文化科技装备制造、新媒体、动漫制作等一系列蓬勃发展的文化产业新项目，同时也成为一大批文化科技型领军企业的重要特点。比如在 20 世纪 90 年代末成立的腾讯公司，率先开创了 QQ 和微信等新型的网络传播模式，吸引了海量的海内外消费者。截至 2015 年 1 月，它作为上市公司的市值达到 1 500 亿美元，进入到全球互联网企业的五强之一；又如百度公司，以大规模的搜索服务和网络商务平台而吸引客户，在 2015 年 1 月作为上市公司的市值达到 600 多亿美元，显示了旺盛的增长势头。

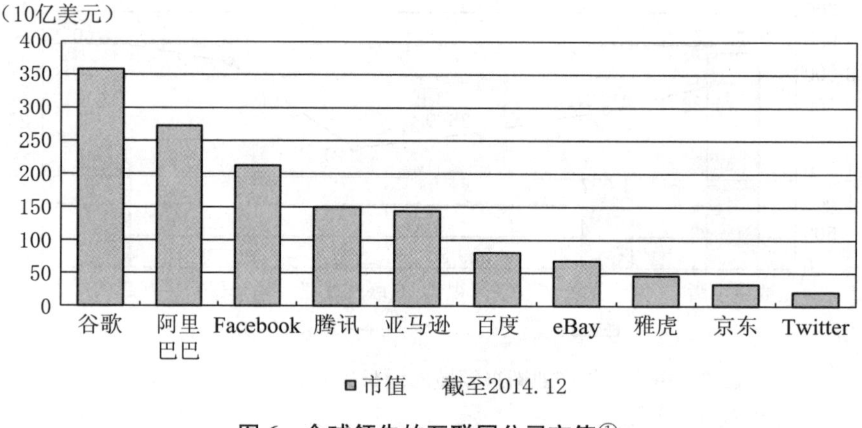

图 6　全球领先的互联网公司市值①

四、文化创新以跨界联动作为拓展的空间

（一）跨界联动是文化创新的主要空间和实现方式

跨界联动是文化创新的主要拓展空间，即通过文化创意设计，为工业、数字内容产业、城市建设业、现代农业、旅游业等提供联动发展的动力和内

① 作者根据亚马逊、腾讯、百度等公布的数据整理和绘制。

涵。从全球范围看，工业正在向科技型、智能型、创意型升级，一股强大的“工业 4.0”新潮流正在给经济发展带来挑战和机遇。正如“工业 4.0”实践的领军人物、美国辛辛那提大学教授李杰提出的：如果说“蛋黄”代表了某种产品的现实功能，那么“蛋白”则是通过服务所衍生的潜在、外围价值。按照传统的思维模式，顾客通常只会想到要一个更大的产品“蛋黄”，其实连他们都没有意识到“蛋白”才更具价值。这就如同 iPhone 给手机业带来的颠覆性革命，如果只是一味地迎合消费者，那么史蒂夫·乔布斯就该造出一个更厉害的通话机器，但 iPhone 却开创出一个巨大的移动互联网市场，从 iPod、iPad、iTune 到率先开创三维动画电影的 Pixar，以及无数的衍生产品和延伸服务。中国要紧密结合《中国制造 2025 战略》，促进文化创意和设计服务和工业、数字内容产业、城市建设业、现代农业、旅游业等相关产业的融合。

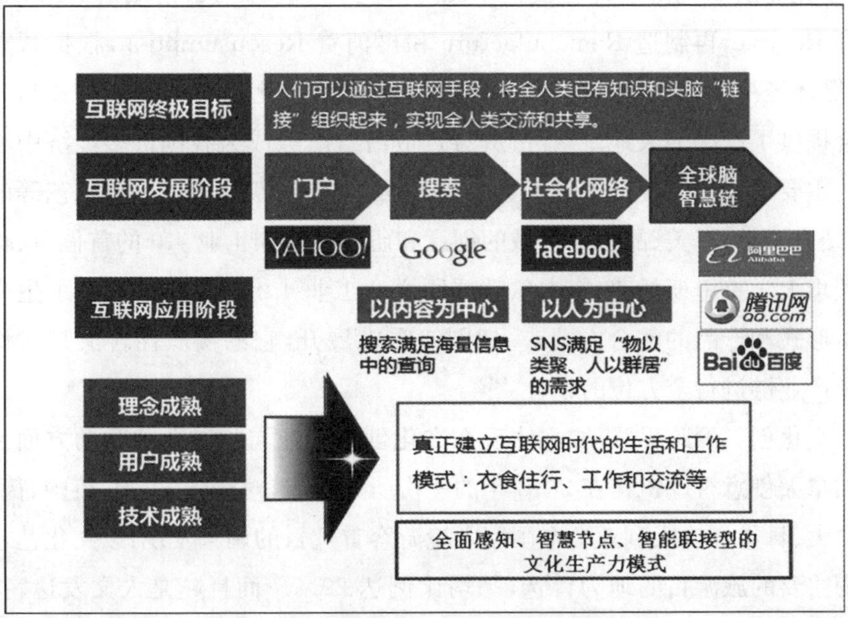

图 7　互联互通的文化产业新业态①

跨界联动的重点是重组产业链，拓展大市场。英国国家科学和艺术基金会的研究报告《软创新 Soft Innovation》指出：人类的创新活动正在包括越来

① 作者设计和绘制。

越广泛的内容和形式。过去很长一段时间，人们推崇经济合作组织OECD主张的创新，包括产品创新、过程创新、组织创新和营销创新，即材质性、技术性的“硬创新”。实际上，在人类的生产和生活中，出现了另外一种影响产品和服务感官知觉、审美情趣、知识认知的“软创新”，它主要是在造型、品牌、象征方面等唤起感情因素。①这种软创新，适应了后工业化时代人类对体验经济的需求，整个改变了人类的生存、娱乐和生态空间，具有巨大的市场潜力。推动软、硬两种创新的结合，将有效地扩大一个国家和城市工业产品的总体竞争力，也大大拓展了人类的消费市场。这正是中国需要大力推动的文化与相关产业联动的重要方面。

（二）跨界联动的效益体现在质量、节能、生态等多个方面

近年来，上海作为联合国教科文组织认定的全球创意城市——设计之都，率先提出6R原理，即再设计Redesign，再利用Reuse，再减量Reduce，再循环Recycle，再制造Remanufacture和再消费Reconsumption，根据智慧生产、循环经济和绿色经济的原则发展工业，这对文化创意和设计服务与工业结合提供了广阔的天地。从“蛋黄”到“蛋白”，已经成为我国许多经济中心城市的主要选择。要提升现代工业效益，就必须在创新技术、材质、工艺等的同时，结合感觉、审美、品牌等领域的创意和研发。正如工业4.0的首倡者、德国波茨坦大学克里斯托弗-梅内尔教授所说：“工业4.0的实质是改变了生产的分工形式和产品的整合方式，一切围绕需求展开，它的实质性含义是对价值链和产业链进行全方位的整合。”②

文化创新的跨界联动，也体现在文化创意产业与旅游业的联动方面。根据加拿大创意智库机构在2013年的一份研究报告，对法国、美国、英国、德国、加拿大、日本和澳大利亚7个国家入境游客首选目的调查发现：以文化艺术内容为主要的旅游目的地为首选，平均比例达29%。而且越是人文发达、特色鲜明的国家和城市如法国和英国等，文化艺术旅游吸引的游客越多，文化艺术品的出口也越有优势。这就有力地证明：优秀的文化艺术成果具有人类普

---

① NESTA：Soft Innovation，July 2009.

② 德国波茨坦大学哈索-普拉特纳信息技术系统工程研究院（HPI）院长克里斯托弗-梅内尔教授在上海社会科学院第120次新智库论坛的专题报告：《工业4.0时代的发展趋势》，2014年11月4日。

遍的共享性，是向人类提供的公共消费品。这就启发我们：中国在发展制造业、其他产业时，应该努力把文化艺术和旅游结合起来，使得到中国旅游的游客把文化艺术作为首选目标的比例逐步上升，让向往中国文化艺术作为国内外游客的第一选择。

表1　7个发达国家入境游客首选目的①　　单位：%

	法国	美国	英国	德国	加拿大	日本	澳大利亚	平均
文化和艺术旅游	35	31	32	30	21	34	20	29
购物旅游	19	21	14	18	13	21	10	16.5
自然旅游	18	24	18	19	28	16	24	21
休闲旅游	12	8	13	14	15	17	14	13.2
美食旅游	4	4	5	7	8	5	17	7.1
商务旅游	3	9	12	8	12	6	7	7.1
其他旅游	9	3	6	4	3	1	7	4.7

五、文化创新要形成新的区域文化产业模式

（一）文化地缘大格局是文化创新力的战略支撑

中国推动文化创新，提升文化软实力，需要新的文化地缘战略支撑。建立新的文化地缘大格局，是发挥中国文化创新的主要空间依托。地理是人类赖以生存的物理基础，而地缘是在一定地理条件下的国家利益、政治格局、文化能量等的总和，是国家发挥综合实力的生存空间。设计文化地缘战略的立足点，是把国家的文化实力、文化资源、文化利益、文化安全上升到与地缘政治、地缘经济同样重要的高度，成为国家在较长时间内充分利用地缘格局内的资源，把各种地缘局限化害为利，获得国家文化综合实力持续增长的宏观设计和基本模型。

中国的新文化地缘战略，需要有中国特色的文化地缘理论作为基础。历史上英、美、德、日、俄等大国的崛起，都受到不同地缘理论的深刻影响。早期的地缘政治理论深受达尔文主义影响，以“国家的生命在于空间扩张”作为核

① *Aim and Resource-Analysis on Tourism Industry and Visitor's Psychology*.

心。早期的海权派主张“以海权遏制陆权”，以马汉为代表的海权理论强调“必须控制全球海洋中最为关键的海峡、海域和港口，就能够把握全球的霸权”，而陆权派主张“谁控制世界岛的心藏，就能主宰整个世界”。后起的地缘经济理论也关注权力和利益，强调相邻国家和地区的经济博弈和商业互利；而中国特色的地缘文化理论，则关注在经济全球化、政治多极化、文化多样化和社会信息化的背景下，以中国的文化实力形成对全体国民和世界的号召力和吸引力，与不同地理空间和群体形成互联互通的文化大格局，以有利于中国和平发展道路。

中国的新文化地缘理论，需要立足于中国独特的大国国情。中国的地缘特色在全世界是独一无二的，正如英国学者马丁·雅克指出：每一个新兴大国，都会用一种全新的方式来创造和推广自己的体系。“比如欧洲的典型方式就是海上扩张加殖民帝国，而美国则是空中优势和全球经济霸权，中国同样也会以崭新的方式来展现其实力。”①中国以超强的凝聚力融合了极为多样的文化实体，在历史纵向轴上累积了从华夏先祖到唐宗宋祖的巨大遗产，如三星堆、金沙遗址等遗址就积累了多达5—10层的文化层，在空间横向轴上展开了齐鲁、燕赵、三秦、三晋、湘楚、吴越和巴蜀等七大地域文化形态，和20多个次级地域文化形态。这就要求中国突破传统观念中面向陆地背向海洋的局限性，形成统筹两个大局、海陆兼备、以内制外、以外促内，进行全球资源整合的新文化地缘战略。

从2008年以来，国家批准颁布的长三角、珠三角、京津冀、北部湾经济区、成渝经济区、江苏沿海地区等近60个区域发展规划，在规划和目标方面，体现了21世纪中国和平崛起的宏伟战略，总体特点是：1.从跨省区到次区域，突出地缘优势，培育不同层次增长极，不受现有行政区划的限制，有跨省区的，如成渝经济区发展规划，也有次区域的如江苏沿海地区发展规划等；2.突出因地制宜，鼓励多样化发展模式，如长三角规划突出了亚太地区重要的国际门户和世界级的大都市群建设，江苏沿海发展规划突出了面向海洋的蓝色经济区特色，如珠三角规划突出了推动一国两制，促进粤港澳三地的分工合作等；

---

① 马丁·雅克：《当中国统治世界——中国的崛起和西方世界的衰落》，张莉、刘曲译，中信出版社2010年版，第209页。

3.区域发展战略与中国国际战略相结合：以区域崛起、内外结合，推动一国两制，促进祖国统一。

在区域发展战略的强有力支持下，我国文化创新力获得了全面的提升，以城市群为创新增长极的文化实力格局基本形成。2014 年全国 24 个主要城市群以约占 30%的国土面积，聚集了 65%的人口，创造了约 88%的地区生产总值，创造了绝大部分文化产品和对外文化贸易额。英国国家科学和艺术基金会 NESTA 的智库报告《中国的吸引力》，美国学者杰夫·戴尔等的专著《创新者的基因》等，分析大量数据后指出：中国的长三角、珠三角、京津唐等十大城市群成为全球文化创新投入增长最快、文化吸引力最强的地区之一："我们研究了中国的创意产业和社会创新领域，发现中国遍布着艺术和社会创新产业中心"，"令全世界都认为中国以现有的趋势发展下去，将会在 2020 年成为世界上最创新的国家"。

近年来全国因地制宜发展的各种区域文化新形态，使得中国的整体文化实力进入到产业增长集约化、公共服务均等化、区域发展特色化的新阶段，在东中西和东北四大区域建立了 10 家国家级文化产业示范园区和 340 家示范基地，31 个国家公共文化服务体系示范区和 45 个示范项目。这多样化的文化战略布局覆盖了东中西部，从沿海工商业大城市到内陆的历史文脉富集地区直到西部边疆民族地区，不但与长三角、珠三角、环北部湾、京津冀等 60 多个区域发展规划密切相关，而且还进行了藏羌彝文化产业走廊、华夏文明传承创新区等新业态探索，显示了中国正在发挥文明国家的优势，逐步形成极大包容性和多样性，特色丰富又全面统筹的地缘文化战略大格局，全面提升中国的文化软实力。

（二）文化创新力依托多种区域文化产业发展模式

在中国迈向文化创新大国的过程中，必须发展多样化的区域文化产业模式：

第一，国际化大城市的文化产业发展模式。

此类模式充分利用国际大城市要利用科技产业化速度快，人才集聚程度高、市场化和国际化程度高的优势，推动文化产业向集约型、紧凑型、智慧型发展。以长三角城市群、珠三角城市群、京津唐城市群、长江中游城市群、成渝城市群五大城市群为代表，成为我国文化产业资源最集中、主体最为强大、国际化联系较高的集聚中心。特别要指出:随着产业和城市进入了双转型的新阶段,以智能化生产、绿色型开发、生态型文明为特点,以紧凑型、集约化、智慧型的城市增长作为模式,包括了从农业向制造业转型(工业化),从制造业主导向服务业转型(服务业化),从传统服务业主导向现代服务业主导转型(服务业高端化)三大形态和阶段,成为以文化和科技融合创新为核心,体现高端掌控和网络节点的核心区域。虽然文化产业链在平面分工的意义上,不一定要集聚在大城市群,而是可以分布在广阔的城乡,但是在价值链的要素集聚的意义上,却越来越依赖金融保险、科技研发、人才培养、口岸通关、国际交流等有利条件,形成平面分散和垂直集聚的有机统一。北京中关村、上海张江、深圳华侨城、广州科学城等地发展文化产业集群的经验,生动地显示了大城市建设文化产业集群,推动规模化、效益型、国际化发展的广阔前景。

第二,工商业强市和专业镇街的文化产业发展模式。

这类模式推动文化产业通过“渗透、包容、引领、联动”的方法,带动文化产业与工商业的联动,使得改革开放以来蓬勃兴起的工商业和专业集镇通过文化产业的带动,形成新的产业能级和发展活力。它集中体现在中国浙江、广东、江苏、山东、福建等省市,在“县域经济”“镇域经济”蓬勃发展的背景下,形成了一大批 GDP 超千亿元的工商业强市(县),包括长三角的昆山、江阴、无锡、萧山、诸暨、平湖等,珠三角的顺德、南海、东莞、宝安等,福建的石狮等,出现了一批产业强市(县),它们下属的容桂、乐从、龙江、花桥、大唐等专业集镇也形成了 GDP 超百亿和双百亿元的产业强镇,如广东省专业镇 GDP 总量占全省 GDP 比重超过 28%。①它们构成了中国区域经济逐步升级的重要引擎,也面临着土地资源过度消耗、产业能级低、城镇布局不合理等亟待解决的问题。这类地区的文化产业发展,适应县域和镇域经济推动产业升级、拉动内需、扩大市场的需求,打造以创意设计、文化体验、品牌经营、消费服务等为拉动的新型产业链,带动当地制造业和服务业的不断升级,推动这些地区从世界级的制造业大国和时尚消费大国,走向世界级的文化时尚和品牌开发、研发、生产和营销大国。

---

① 廖兆龙、王淑莲:《广东省专业镇发展情况及对策》,载广东省人民政府发展研究中心编:《广东发展蓝皮书 2014》,广东省出版集团 2014 年版。

第三，工业资源型和资源枯竭型地区的文化竞争力发展模式。

我国目前有煤炭、森林工业、石油、矿业等工业资源型城市118个，包括煤炭城市63座，有色金属城市12座，黑色冶金城市8座，石油城市9座。这些工业资源型城市由于多年来依赖开采资源发展重工业，造成经济发展模式单一，居民生活水平和消费能力不高，而发展文化产业成为该类地区寻求替代性产业的重要选择之一。此类区域要针对工业资源型和资源枯竭转型城市亟待产业转型的要求，推动文化产业成为当地替代性的新兴产业，推动城市在后工业化时代的可持续发展，体现文化惠民的效果和有效路径。

第四，生态功能型地区的文化产业发展模式。

跨入21世纪以来，国家把保护生态环境作为一项长远的战略，中国国土辽阔，生态类型多样，但生态环境比较脆弱。森林、湿地、草原、荒漠、海洋等生态系统均有分布，但生态脆弱区域面积广大。中度以上生态脆弱区域占全国陆地国土空间的55%，其中极度脆弱区域占9.7%，重度脆弱区域占19.8%，中度脆弱区域占25.5%。此类区域要顺应生态功能型地区可持续发展的趋势，包括西部脆弱型生态环境的文化产业发展条件，倡导生态文明的理念，保护和利用丰富的历史遗产，发展生态休闲、演艺旅游、会展度假等项目。

第五，民族文化资源和历史遗产型地区的文化产业发展模式。

联合国贸发会议等的报告提到：应该把"文化遗产"作为创意经济四大组别之一，即文化遗产、艺术、媒体与功能创意，"文化遗产被认为是所有艺术形式的来源、文化与创意产业的灵魂"，①此类区域往往是民族文化遗产最集中、最深厚的地区，要深入挖掘民族文化资源和历史遗产精华，与现代产业形态形成良好的对接。国家启动的《藏羌彝文化产业走廊总体规划》强调：一是根据长期形成的藏羌彝文化产业走廊的文化资源特点以及各地的文化生产力布局，以文化资源为"点"，以交通枢纽为"线"，以中心城市为"面"，建设"廊道型"文化产业经济带；二是在空间布局上采取差异化和梯度发展策略，将藏羌彝文化产业走廊确定为核心区域、辐射区域、城市枢纽，达到既

① UNDP & UNCTAD, "Creative Economy Report 2010".

突出中心又辐射周边的目的。[①]这给了民族文化资源和历史遗产型地区发展文化产业以重要的启迪，鼓励这些地区以点带面，发展创意美食型、旅游演艺型、艺术家集合村型、影视制作服务型等文化产业集聚模式，提升地区的文化软实力。

第六，农林牧副渔地区的文化产业发展模式。

此类区域要适应农林牧副渔功能区域的特色，结合新型城镇化和城乡一体化的要求，结合中国走向现代农业的大趋势，开发创意农业、花卉园林、创意旅游、岛屿文化、水域体验、文化遗产体验等特色化的产业集聚区，利用现代农业经济的生产、生活、生态资源，发挥创意和创新，研发出具有较高创意含量的农产品或活动，以提升现代农业的价值与产值，创造出创意美食、创意旅游、创意生活等新兴市场。浙江宁波滕头村形成的“全国绿色指数第一村”、东阳花园村探索性地把创意农业、木雕红木家具业、影视制作业等相结合的“花园村”路径、成都锦江区等提出的“五朵金花”等模式，以创造性的实践，为农林牧副渔主体功能地区把区域的丰富资源转化为文化生产力的优势，提供了富有启发性的思路。

第七，沿边地区的文化产业发展模式。

沿边地区处在国家对外开放的前沿地带，是保护国家安全，推动对外贸易，开展国际合作的前沿基地。此类区域发展文化生产力，要立足中国积极参与国际经济体系、迈向21世纪负责任世界大国的趋势，整合国际上不同区域的市场和资源，建立多种形态的产业合资与合作模式，成为体现中国文化“走出去”的前沿基地。此类地区要适应沿海、沿边地区的特点，结合边境口岸和港口的优势，开发多种适应国际文化市场的产品和服务，开展跨境文化贸易和跨境文化合作项目，成为体现中国文化走向世界的前沿基地。

六、文化创新力要以对外文化贸易作为拓展

（一）把握“一带一路”机遇，培育中国文化跨国公司

中国要建设文化创新大国，就要把握国家“一带一路”倡议和长江经济带

---

① 《藏羌彝文化产业走廊总体规划》，国家财政部官方网站，2014年3月5日。

战略的历史性机遇，构建新的空间战略布局，打造文化产业发展的“π”型动力带，打造成为文化内外贸易的大通道、文化生产力的动力联动轴，全面提升对外文化贸易。中国首倡的“一带一路”战略，具有第二次地理大发现的深远意义。该战略将亚太、南亚、中亚、南欧、东非等地区联系在一起，该区域覆盖60多个国家，总人口超过40亿，经济总量超过20万亿美元。它不仅涵盖了“新丝绸之路经济带”和“海上丝绸之路”的层面，而且对全球其他地区也产生了深远的影响。

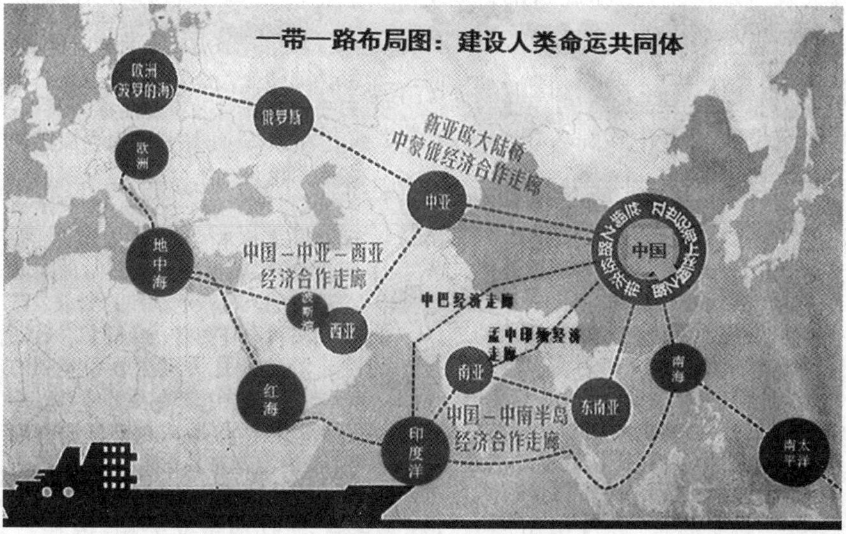

图8　一带一路：打造人类命运的共同体①

要大力发展中国的文化跨国公司，培育外向型文化主体。对它们的目标和重点，有前瞻性的设计。它不仅仅包括扩大国际市场的占有率，而且包括在全球获得重要的战略性资源，占据施展中国文化软实力的战略空间，实施学习与合作、赶超与竞争、创新驱动与规模优势、海外投资和自主研发相结合的文化跨国公司战略。中国文化企业进行跨国投资、并购、贸易，不是简单地占有东道国文化消费市场和利用当地的廉价劳动力资源及土地资源，而首先是获得高端的文化科研创新资源、人力资源、要素资源，如基础设施、院线、品牌、研发中心、服务平台，以及知识产权资源包括专利技术、市场准入许可证、

① 作者设计和绘制。

著作权和专利、技术秘密等，抢占全球文化市场的地缘中心，把握好跨国投资的重点目标，体现文化产业作为国家战略性资产的作用，形成体现中国全球战略的文化产业集群和辐射力。

外向型文化企业和文化跨国公司是全球文化生产和文化贸易的主体，拥有外向型文化企业和文化跨国公司的竞争优势是一个国家迈向全球文化强国的重要标志。参照联合国出版物的定义，文化类跨国公司为在母国以外的其他国家投资大量文化产业资产，并且实际控制和管理这些企业。它们拥有中央决策体系，具有全球经营的意识，确立了全球性战略目标和适宜于全球化竞争的经营架构，把下属的各个实体通过所有权联系起来，其海外营收、海外资产、海外员工在公司整体业绩中占有35%以上的比重。近年来，中国外向型文化企业和文化跨国公司的微观基础越趋活跃。在中国的跨国公司100强中，已经出现了主业涉及文化产业的集团，如保利、港中旅、万达等中国跨国公司平均跨国指数达到13.2%，游戏、版权、创意设计、艺术品等成为中国对外文化贸易快速成长的新兴门类。

研究跨国公司成长的客观规律，针对中国的具体国情，通过国家产业政策引导，形成从"本地培育"到"全球扩张"，从"国内做大"到"国际做强"的外向型文化企业和跨国公司接力成长路径。从17世纪初西方跨国公司的产生开始，全球范围内的跨国公司有500多年的发展历程。它们传统的发展阶段大体上是：起步阶段，在国内市场发育起来的大企业和贸易公司，依托技术和资本的优势，开始拓展海外市场；发展阶段，大企业和贸易公司把经营重心逐渐转向海外，以获取生产资源和高额利润；拓展阶段，上述企业转化为跨国公司，在国外普遍设立分公司，在全球产业链中占据主导地位。比如总部位于上海的华人文化产业投资基金CMC投资控股原属新闻集团全资拥有的星空卫视普通话频道、星空国际频道、Channel[V]音乐频道，以及星空华语电影片库(Fortune Star)业务。不但获得了大量华语电影拷贝、视听节目等资产，也获得向多个国家和地区投放卫视华语电影和视听娱乐节目的重要平台和经验。要鼓励我国文化企业进行多样化的跨国投资和经营，并且在这个过程中成长为强大的文化跨国公司集群。

培育中国本土的外向型文化企业和文化跨国公司，要推动"文化＋科技"、"文化＋金融"、"文化＋旅游"等的跨界发展路径。以移动互联网、云计算、大数据、自媒体等为代表的信息技术，极大地推动了对外文化交流与文化贸易的大融合与新业态，成为全球文化交流和文化贸易中最为活跃的成长领域。有鉴于此，近年来成长最快的恰恰是一批文化科技型的新兴企业。比如深圳华强集团突出了“文化+科技”的融合发展壮大之路，自 2010 年以来，先后 5 次获评“中国文化企业 30 强”，还获批为中宣部“全国文化体制改革工作先进单位”、文化部“2011 年度十大最具影响力国家文化产业示范基地”、“国家文化出口重点企业”、“世界知识产权版权金奖”，拥有目前国内规模最大、种类最多、技术最全面、设备最齐全、产量最高的特种电影专业公司，还把拥有自主知识产权的科技型主题公园出口到伊朗等国家，使得中国成为全球第二个出口科技型主题公园的国家。它成功研发出悬挂式球幕电影、环幕 4D 电影、跟踪式立体电影等 10 多类特种电影。其中环幕 4D 影院系统已输出到美国、加拿大、意大利等全球 40 多个国家和地区，相配套的 4D 影片每年出口 20 余部。

（二）拓展对外文化服务贸易，全面扩大国际影响力

经过改革开放 30 多年的发展，中国已经成为全球第二大经济体，全球第三大对外投资国，中国对外文化交流和文化贸易的实力空前增强。2014 年我国是全球第二个经济总量超过 10 万亿美元的经济体，全球第一大对外贸易国。当年中国共实现全行业对外投资 1 160 亿美元，如果加上第三地融资再投资，对外贸易规模据估计应该在 1 400 亿美元左右，这意味着：2014 年我国实际上已经成为全球的资本净输出国①，进入到国内资金相对充裕，有条件大规模开展对外投资，在全球范围内进行资源配置的新时代。从 2007 年以来，我国形成了由 570 多项（次）国家文化出口重点项目和 1 130 多家（次）国家文化出口重点企业构成的大框架，一大批外向型文化企业和项目正在迅速成长。中国率先推出了“一带一路”的战略大格局，进一步推动了中国文化“走出去”的业绩。根据联合国教科文组织 2016 年 3 月发布的研究报告，中国在 2004—2013 年的文化创意产品对外出口增长非常快，是全球文化创意产品出口增长最快的国家，2013 年文化创意产品出口额达到 601 亿美元，为全球规模最大。

① 李予阳：《2014 年我国实际对外投资已超过利用外资规模》，《经济日报》2015 年 1 月 26 日。

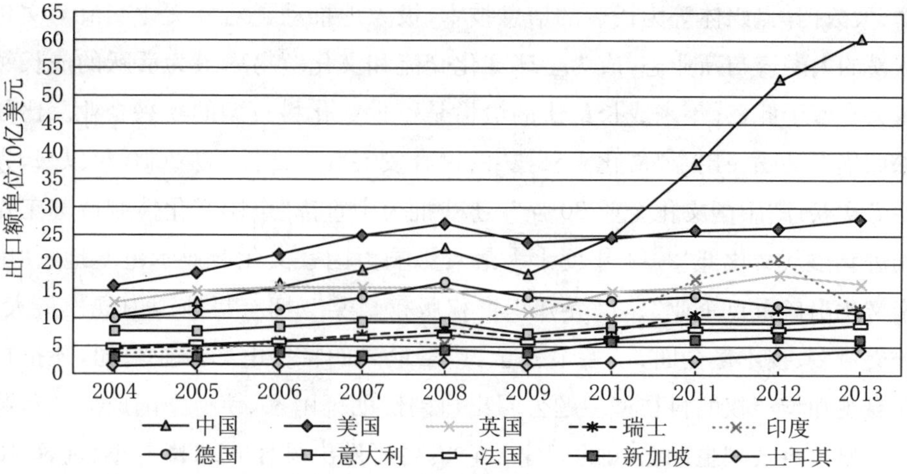

图9　全球十大文化产品出口国家(2004—2013年)①

但是,中国对外文化服务贸易的增长比较缓慢。根据联合国教科文组织2016年3月发布的最新研究报告,全球对外文化服务贸易规模最大的是美国,2013年的对外文化服务贸易额达到近700亿美元,第二位是英国,在全球对外文化服务贸易的前15位国家中,包括了法国、德国、加拿大等,其中韩国排列于第11位,而中国不在其中。这说明:中国对外文化贸易的重头戏是劳动力密集型的文化出口产品,而发达国家的对外文化贸易的重头戏是科技、智慧和资本密集型的文化服务出口。大力发展对外文化服务贸易,已经成为中国发展文化产业和对外文化贸易需要进一步突破的短板。

从全国情况来看,各地对发展文化交流和文化贸易,表现了高涨的热情。在我国东部的改革开放前沿地区,开展对外文化交流和文化贸易,获得了从政府宏观管理能力、经济发展水平、国际化水平、自贸区和国家对外文化贸易基地等制度创新的有力支持和综合优势,始终保持了文化"走出去"的优势,正所谓"冰冻三尺,非一日之寒",这些经验都值得各地认真地研究和推广。随着我国对外文化投资的扩大,我国文化出口产品也在不断优化结构,比如2014年,我国自主研发网络游戏产品在海外销售收入达到30.76亿美元,同比增长69.02%。其中客户端类游戏占总出口网游数量比重达

① UNESCO, "The Globalisation of Cultural Trade: A Shift in Consumption: International flows of cultural goods and services," 2016 March.

27.7%,网页游戏比重达30.9%,移动类游戏数量比重达41.4%,实际销售收入12.73亿美元,同比增长高达366.39%,而且带动了我国电信、出版、设计、影视、文化用品等企业的对外贸易,显示了我国网络化、数字化文化产品出口的广阔前景。①

(三)顺应全球贸易格局,拓展新的文化贸易目标市场

拓展对外文化贸易,就要拓展新的目标市场,即解决好"走到哪里去"的重大而紧迫的问题。从宏观战略的角度来看,要根据国家"一带一路"战略,推动中华文化"走出去",不但要继续经营美、日、欧、中国香港等发达地区的市场,而且要大力开发发展中经济体包括"一带一路"国家和金砖国家等的市场。从全世界范围来看,各个主要经济体的比重和实力正处在深刻的调整之中,一批老牌的西方发达国家逐渐衰落,非西方国家特别是一批新兴大国的崛起是影响全球的一个重要杠杆。根据联合国贸发会议UNCTAD的资料,从2004—2013年,中国创意产品的出口目标地区,虽然仍然以发达国家为主,但是向发展中国家转变特别是"一带一路"沿线地区转移的趋势越来越明显。

2004—2013年,中国创意产品向发达经济体出口额为5 619.25亿美元,而向发展中经济体出口额为3 475.89亿美元,但是中国创意产品向发达经济体的出口比重在下降,从2004年的69.79%逐步降到2013年的51.27%②,而

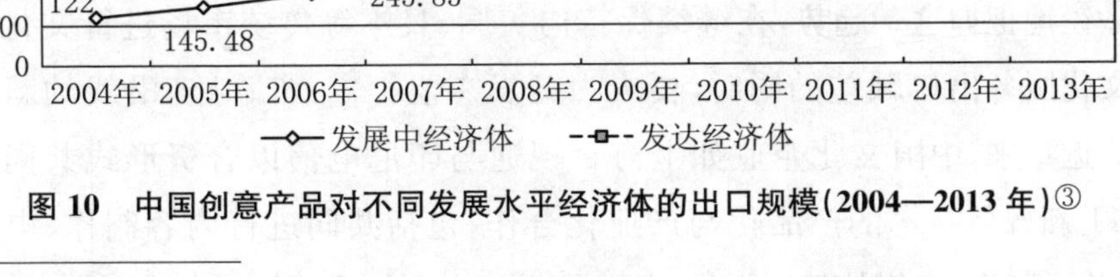

图10 中国创意产品对不同发展水平经济体的出口规模(2004—2013年)③

① 李婧:《2014年我国文化贸易的喜与痛》,《中国文化报》2015年2月28日。

② 作者根据UNCTAD的资料整理。

③ 作者根据王洪涛、郭新茹《2014创意经济对外贸易报告》内容和数据绘制,该报告载《两岸创意经济研究报告2015年》,社会科学文献出版社2015年版。

对发展中经济体的出口比重在上升，从2004年的27.08%逐渐上升到了2013年的45.36%。这恰恰要求中国发展文化软实力，拓展对外文化贸易，要适应非西方国家全面崛起的趋势，加大与发展中经济体的贸易合作。

再从上海和全国文化创意产品向世界三大经济区域的出口来看，北美、日本、欧盟多年是上海文化创意产品出口的主要目的地，2004—2013年中国创意产品向北美自由贸易区的出口年平均比重达到30.31%；其次是欧盟，年平均比重为21.34%，而中国向文化背景比较接近，地理位置毗邻的东盟地区的创意产业出口年平均比重为4.76%。随着全球经济格局的深刻变化，中国文化创意产业在"一带一路"沿线国家和地区的影响力越来越大，中国创意产品对北美自由贸易区的出口比重从2004年的37.39%下降到2013年的26%，对欧盟的出口从2004年的19.47%下降到2013年的18.63%，而对东盟的出口从2004年的1.73%上升到了2013年的7.19%，而且有进一步提升的明显趋势，而东盟正是海上丝绸之路经过的重要地域，应该是我国有关省市，特别是上海、江苏、浙江、福建和广东等沿海省市大力开拓的重要文化贸易目标市场。

按照这样的速度，到"十三五"规划期末，中国对发展中经济体的创意产品出口额将逐步高于向发达经济体的出口额，中国对外文化贸易的格局将发生深刻变化。发展中经济体特别是印度、南非、巴西等金砖国家和东南亚国家，将在2020年左右成为中国出口创意产品的最大消费市场。未来一段时间，在升级版中国—东盟自贸区和RCEP的制度性框架下，预计2020年中国与东盟间的贸易额将扩大到1万亿美元，到2020年的双向投资将新增1 500亿美元。①其中有许多内容和领域与文化产业密切相关。我国对外文化贸易要敏锐地把握这一趋势，在继续保持向美国、日本等传统市场进行文化产品和文化服务出口顺差的同时，要大力开发东盟等"一带一路"沿线的新兴市场。近年来，中国文化企业如上海百视通与印尼电信以合资形式共同开发TMT新媒体技术的产品化与产业化合作，包括共同进行内容制作、电子游戏、动画制作、多媒体管理系统、数字影院系统、直播卫星及有线电视经营、电

① 《李克强：中国和东盟到2020年双边贸易额将达1万亿美元》，http://china.cnr.cn/gdgg/201309/。

子商务等业务，合资总额达 2 000 万美元左右，显示了中国文化产业进一步开发对外文化贸易的新兴目标市场，发展文化产品贸易和文化服务贸易，扩大国际文化影响力的广阔前景。

第三章　核心价值观与大国的话语权

核心价值观可以说是一个国家文化软实力中最重要的部分，因为它不仅对外是一种吸引与同化的力量，对内更是一种建设与引领的力量。大国话语权则是一个国家软实力与硬实力的直接展示，以议题设置、规则制定等方式体现着国家在国际社会中的实际影响力。可以说，核心价值观是文化软实力的内在支撑与灵魂，体现着一个国家面对世界时的个性、智慧与想象力；大国话语权则是以硬实力为基础、以软实力为依托和主要表现形式的一种国际地位的彰显，反映出一个国家对国际社会发展形势的认知、反应、自我言说及开拓引领的能力。两者分别代表着国家文化软实力的内在本质与外在表现，是我国在建设国家文化软实力时必须解决的核心问题。

价值观对人类社会的发展具有重要意义。价值观影响人类进步。在文明、文化与价值观体系之间存在着既有联系又有区别的关系。我国社会主义核心价值观的建构与发扬对我国下一阶段的发展至关重要，当下必须重视核心价值观的概念梳理、传播策略及社会认同和行为自觉等诸多问题，争取让核心价值观的理念深入人心并形成日常行为规范。话语权的凸显则是大国崛起的象征，价值观与话语权是一组互相依傍的关系，没有价值观的支撑，话语就显得苍白无力，而缺失话语权的价值观，就只能孤芳自赏。在资本市场的全球化及互联网所打造的“新世界图景”之下，国际权力正在日益向非国家行为体转移并呈日益分散的趋势。作为正在崛起的大国，建立国际话语权、弘扬中华文明的价值是中国应有的担当。我们要积极适应国际化、现代化和信息化的趋势，将管控思维变为参与思维，主动进取、实事求是地传递我们的核心价值观，开拓创新、脚踏实地地构筑我们的话语体系，重塑我们和平崛起和负责任的大国形象。

一、核心价值观的价值与建构

（一）价值观对人类社会发展的重要意义

1. 价值观影响人类进步

与文化有关的价值观对社会发展的重要影响在《文化的重要作用——价值观如何影响人类进步》这本书中得到了集中探讨。该书由哈佛国际与地区问题学会组织24位来自各个领域的世界级专家，探讨不同的文化对经济与政治所产生的影响，努力回答"文化价值观如何影响人类进步"这一问题。该书所考察的"文化"，是从纯主观的角度，指一个社会中的价值观、态度、信念、取向以及人们所普遍持有的见解。其讨论的出发点是两次世界大战结束后，为什么只有少数国家和地区（西班牙、葡萄牙、韩国、新加坡及中国台湾和香港）发展成为"第一世界"，而绝大多数国家和地区依然远远落后？经过研究，这24位专家发现不同的文化价值观和态度对社会进步影响巨大——"进步"在这里指的是走向经济发展和物质福利、社会与经济公正及政治民主。以"世界价值观调查"项目的调研结果为例，其调研结果发现，各民族的文化价值观与政治及经济表现之间存在着很强的关联性，有一些特定的价值观在不同环境下都会产生推动社会进步的效果，"例如，职业道德、教育、业绩、勤俭等价值观，在西欧、北美、澳大利亚和新西兰以及东亚都是共同的"。①

这项覆盖了美国、拉美、非洲与亚洲等国家与地区的研究首先假设人类对"进步"有一种共同的理想与价值追求，即追求经济发展与物质福利、社会与经济公正及政治民主。不难看出，如果说这些理想确实是人类社会所共同追求的，不同国家所处的发展阶段及实现目标的道路却注定会有所不同：首先经济发展与物质福利就会受到不同的地理条件的限制。目前由于西方文明所推动的全球化发展，使得"西方模式"在世界范围内取得了强大的话语权，成为被广泛接受的发展"模板"。从反思或借鉴的角度来说，深入探讨西方有关进步的理念及发展模式，对人类社会理解及展望自身的发展前景具有

---

① 载[美]塞缪尔·亨廷顿、劳伦斯·哈里森主编：《文化的重要作用——价值观如何影响人类进步》，程克雄译，新华出版社2010年第3版，第41页。

积极的意义。

从资本主义兴起的16世纪到资本全球竞争激烈的今天，西方学者一贯强调价值观与理念对社会发展的引导作用。按照马克斯·韦伯的说法：16世纪欧洲宗教改革所产生的新教教义造就了一种新人：理性、有条理、勤奋、讲求实效，他们致力于按一定方式生活和工作，以获得上帝的恩宠和挑选；"这些品德在以前不是没有过，但恐怕并不常见。新教使这些品德在它的信徒中间普遍化，新教徒彼此之间以它们作为衡量的标准"。[①]宗教在当时作为主导的社会力量，鼓励了原先不多见的、具有实干精神的一类人的大量出现，创造了现在被称为(工业)资本主义的新经济。从西方资本主义的发展历史来看，被广泛接受或受到执政者推崇的政治经济思想及价值观也确实会对社会发展造成严重影响。2008年爆发的、以美国为首的西方国家的金融危机即是20世纪70年代受到吹捧的新自由主义思想在政治与经济领域片面发展的结果。

哈佛商学院教授迈克尔·波特在对有利于经济发展的竞争理念进行长期研究后，发现能支持经济成功发展的基本信念，就是"相信繁荣取决于生产率，而不是依靠资源控制、经济规模、政府优惠或军事力量"。如果没有繁荣取决于生产率这样的信念，人们就会想方设法谋取租金和垄断地位，"这样的病态心理现今仍在影响着许多发展中国家"。[②]同样，如果社会普遍认为财富是固定的，"就那么多，努力不努力都一样"，就会导致人人钩心斗角，只想从现有财富总额中多占一份，则必然会导致生产率的下降。这位国际公认的"竞争战略之父"由此指出，一个国家经济发展的重大任务是教育人们理解现代经济，看清自己在现代经济中的作用，并了解其他群体的行为对他们的利害关系。可以看出，不同国家对波特所阐述的经济发展理念的信仰程度会导致社会生产率及精神面貌的不同，这也是价值观影响社会进步的一个证明。

马克斯·韦伯在阐述新教教规对经济发展的促进时，曾以中国作为"文化阻碍发展"的例子。然而中国1978年改革开放之后的经济快速发展，表明

---

① 戴维·兰德斯：《文化使局面几乎完全不一样》，载[美]塞缪尔·亨廷顿、劳伦斯·哈里森主编：《文化的重要作用——价值观如何影响人类进步》，程克雄译，新华出版社2010年第3版，第57页。

② 迈克尔·波特：《态度、价值观、信念以及繁荣的微观经济学》，载[美]塞缪尔·亨廷顿、劳伦斯·哈里森主编：《文化的重要作用——价值观如何影响人类进步》，程克雄译，新华出版社2010年第3版，第67页。

了中国以往经济发展滞后的原因在于政治因素与经济体制,而不在于"文化"本身。中国与"亚洲四小龙"经济腾飞的例子,被普遍认为是证明了不管什么样的文化背景,只要在一定时间内奉行有利于经济发展的价值观,社会经济就可以发展起来。

这种"文化"与"价值观"在经济发展中有所"脱节"的现象,在对价值观进行分类研究中得到了解释。相关研究者指出"价值观"可分为两类,一类是内在的,一类是工具主义性质的;所有的经济价值观都是工具主义性质的,而推动社会持续发展所需要的是"内在价值观",这种内在价值观虽然是非经济的,但却决不能是反经济的。①(参见图 11)可以看出,内在价值观就是我们平常所说的核心价值观,体现的是一个社会判断是非、好坏的根本准则与追求,正是这种根本准则与追求推动着社会的持续发展及方向。将自身的核心价值观与经济发展相结合,是一个国家在现代社会取得成功、获得可持续发展的关键。

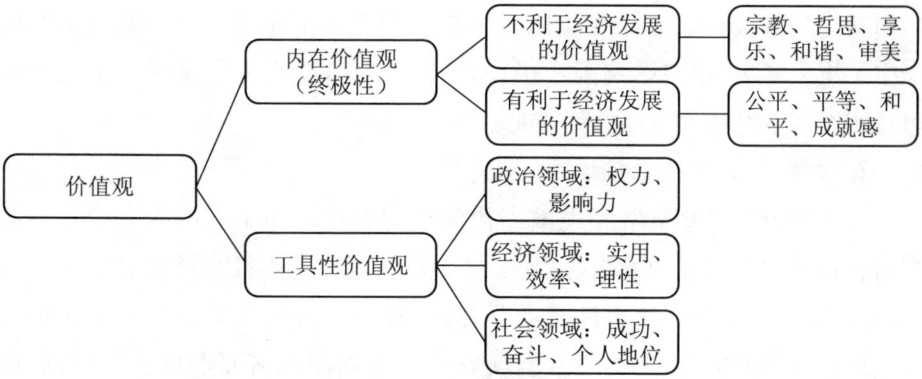

图 11　价值观分类

资料来源:作者制作。

英国提供了一个当经济发展到一定程度、价值观如何影响社会前进的例子。曾是世界工业霸主的英国在 19 世纪末和 20 世纪初先后被美国和德国赶超,在两次世界大战后,英国经济长期发展缓慢,在世界经济中的地位逐步下

① 马里亚诺·格龙多纳:《经济发展的文化分类》,载[美]塞缪尔·亨廷顿、劳伦斯·哈里森主编:《文化的重要作用——价值观如何影响人类进步》,程克雄译,新华出版社 2010 年第 3 版,第 89 页。

降。马丁·威纳从思想观念和文化形态学的角度对英国衰落的原因进行了探讨，指出英国实业家虽然在19世纪创造了世界一流的物质文明，但并未使工业资产阶级的价值观在社会上占据支配地位，反而屈从于绅士文化和土地贵族的价值观；成功的工业家为了追求社会地位，花大量金钱到乡间购买地产，建造宅邸，甚至放弃工商业活动，一心追求上流社会的时髦风尚，结果造成进取精神的衰退。[①]这种经济增长缓慢、长期处于滞胀状态的现象被一些研究者称为"英国病"。然而值得注意的是，英国人在文化风格上的独特追求与价值观为其打造创意产业提供了充足的资源与动力。英国政府在全世界第一个提出大力发展创意产业。以摇滚与时尚为代表的"朋克文化"与"酷英国""酷伦敦"等新的国家与城市文化发展战略结合起来，成为英国发挥国家文化软实力的新战场。

从英国的例子我们还可以看出价值观作为一种精神追求所具有的超越性，在某种程度上甚至可以独立于国家的思想观念发展水平。就英国来说，并不缺乏推动经济发展的思想观念与体系，亚当·斯密的《国富论》(1776)与凯恩斯的《就业、利息与货币通论》(1936)等都先后对资本主义在全球的发展产生了重大影响，这种影响至今仍在持续。可见，核心价值观对一个国家的可持续发展及经济发展面貌确实是影响重大的。

2. 文明、文化与价值观体系

亨廷顿、福山、基辛格等美国当代学者的著作论述了东西方文明及价值观对各自发展所造成的影响，揭示了核心价值观对人类社会所特有的凝聚共识、开拓引领的作用。值得注意的是，人类社会的价值观其实是一个价值体系。出于认知的需要，人类对社会实践的方方面面都需要形成价值判断，即判断"好坏"问题。以"文化多元论"自称的学者对人类价值体系的共通性及情境的约束力作出了颇有说服力的说明，指出一些有着普遍约束力的价值观，如公正、行善、自主、牺牲、自由、忠诚、虔诚、责任等，在生活中不可能全都同时达到最大限度，当各种真实的价值观付诸实践时，总会有所取舍，从而形成不同的价值观传统，即文化。"正因为如此，任何一种文化传统都不能说一

① [美]马丁·威纳：《英国文化与工业精神的衰落1850—1980》，王章辉、吴必康译，北京大学出版社2013年版，第4页。

切都好。"①不同情境下对事物的追求与取舍，造就了不同的民族气质与传统，这种文化的多样性、多元性与有机性几乎可以概括人类生活中的任何一个时刻。

中国学者陈炎对文明与文化的差异曾有过清晰而明确的表述：文明是文化的内在价值，文化是文明的外在形式……文明是一元的，是以人类基本需求和全面发展的满足程度为共同尺度的；文化是多元的，是以不同民族、不同地域、不同时代的不同条件为依据的。全球化的历史过程，正是人类文化不断提高其内在的文明总量的过程；这种全球化的历史进程，也正是人类文明不断减少其外在的文化差异的过程。因此，如何在增加人类"文明"总量的同时尽量保持"文化"的多样化，成为当今人类的重要课题。②其实，文化多样化不仅仅是一个"尽量保持"的问题，更是人类社会的丰富性不能被物质文明的"单一性"所取代的问题，并且这种取代也并不具有现实可行性。正如亨廷顿所指出的，导致第三世界新兴国家动荡和衰朽的根源不是这些国家的贫困和落后，而是它们致富和发展的欲望，"因为这些国家都企图在短时期内全部实现西方早期发达民主国家在过去长时期内才办完的事情"。③

在《文明的冲突与世界秩序的重建》一书中，塞缪尔·亨廷顿认为当代世界主要存在着八种文明：中国文明、日本文明、印度文明、伊斯兰文明、西方文明、东正教文明、拉丁美洲文明和非洲文明。这些文明的发展现状为西方学术界研究价值观与社会进步之间的关系提供了逻辑起点。然而，如果说这些文明终将汇聚成一个"人类文明"的话，其各自的发展速度与历程却不是能够被统一的。因为当下的发展差异，不同国家对"文明"持有不同的看法是一个必然的过程。这也正是亨廷顿所提出的，西方人要"把自己的文明看作独特的而不是普世的"的原因。可以说，人类社会注定要经过一段很长时期的"文明的对话"。当前各种全球性的危机表明，这一过程已然开始。亨廷顿所言的"文明的冲突"，恰当地说应该是"不同文明发展阶段"的冲突。

---

① 理查德·施韦德：《道义地图，"第一世界"的自吹自擂及新福音传道者》，载[美]塞缪尔·亨廷顿、劳伦斯·哈里森主编：《文化的重要作用——价值观如何影响人类进步》，程克雄译，新华出版社2010年第3版，第215—216页。

② 陈炎：《文明与文化》，《学术月刊》2002年第2期。

③ [美]塞缪尔·亨廷顿：《变化社会中的政治秩序》，王冠华、刘为等译，上海人民出版社2008年版，译者序言，第III—IV页。

虽然人类社会的价值观自古以来就是多种多样的，但指引一个国家发展方向的却是其核心价值观。它是一个国家解释自己、表达自己、建设自己的基础；以“人”来进行比喻的话，核心价值观就是一个人的品格与追求所在，它不但对自身具有引领、规范作用，对他人、他国也具有感召、吸引的力量。历史上，不仅新的价值观念的形成与传播影响了人类社会的发展方向，大国崛起也极大地影响了人类社会的发展进程。国家是价值观的重要策源地，新的价值观的传播往往是大国崛起的表征，英、法、美等国家崛起过程中所提出的新的价值观，譬如自由、平等、民主等思想，对人类社会的发展与进步起到了巨大的推动作用，迫使全世界在这些新的价值理念的基础上进行交流。值得注意的是，这些理念在世界各国的文化中可以找到不同的基因与表达方式，西方国家的贡献在于以宏大的理论与制度建设使其体制化。

（二）我国社会主义核心价值观的建构与发扬

1. 社会主义核心价值观的建构

一个国家在某一阶段的主导价值观很大程度上取决于该国对自身发展目标的追求及对世界局势的认识。巴西财政部长卡多佐在90年代曾经说过的，巴西没有别的选择，假如巴西不愿成为全球经济的一部分，那就“无法竞争……这不是外界强加于我们，这是我们自己的需要”。①新经济的力量是如此强大，以至于实际上可以毫不夸张地说，经济文化已不再是一个如何选择的问题。“现在的问题是：各国是否愿意改变那些阻碍生产率的老信念、态度和价值观，而自愿地接受有利于生产率的经济文化，或是最终被迫转变？”②我国在改革开放初期为改变落后的经济状况，采取了有利于经济发展的价值体系建设，由此产生了一些新的话语，譬如“不管白猫黑猫，能抓住耗子就是好猫”、“致富光荣”、“摸着石头过河”、“时间就是金钱”等。这些口号转化为社会认知与价值追求，指引着改革开放以后我国的社会实践。

然而，这些简洁明了的物质主义价值观却缺少相应的精神文明价值观的

---

① 戴维·兰德斯：《文化使局面几乎完全不一样》，载[美]塞缪尔·亨廷顿、劳伦斯·哈里森主编：《文化的重要作用——价值观如何影响人类进步》，程克雄译，新华出版社2010年第3版，第52页。

② 迈克尔·波特：《态度，价值观，信念以及繁荣的微观经济学》，载[美]塞缪尔·亨廷顿、劳伦斯·哈里森主编：《文化的重要作用——价值观如何影响人类进步》，程克雄译，新华出版社2010年第3版，第72页。

指引与平衡。尽管当时中央也提出“一手抓精神文明，一手抓物质文明，两手抓，两手都要硬”，但对精神文明建设缺少相应的重视与投入。在上述标语口号响彻神州大地的背景下，一种物质主义至上的价值观开始在全社会潜移默化的渗透。1987年中共十三大提出“社会主义初级阶段理论”、中共十四大提出“社会主义市场经济”、2002年中共十六大提出“三个代表理论”、中共十七大提出“科学发展观”等，这些都体现了执政党重建意识形态的努力，但可以看出，这些意识形态主要是有关经济政策与发展理念领域，并不是能体现社会整体价值观的意识形态。

这种推动经济持续发展所需要的“内在价值观”在全社会有所缺失的状态下持续了较长时间。2012年11月，中共十八大报告以“三个倡导”的形式提出了社会主义核心价值观，即“倡导富强、民主、文明、和谐，倡导自由、平等、公正、法治，倡导爱国、敬业、诚信、友善”，将核心价值观建设提上了日程。

为挽救近代以来的民族危机，中国历届政府及仁人志士曾大刀阔斧地倡导过文化及价值观的改变，譬如全面西化、三民主义、共产主义等，这些价值观的推广曾不同程度地影响了中华民族近代以来的发展历程。目前我国所确立的24字社会主义核心价值观，符合我国现阶段的发展需求，从国家、社会及公民三个层面，为我国现阶段的奋斗目标及价值体系确立了方向。这24字价值观也许不像我们想象的那样简洁，不像三民主义、共产主义等价值观曾经留下的印象那么深刻，但体现了对我国发展方向的明确追求与指引，并且是可以与全世界共享的价值观，因此值得肯定与大力推广。从这24字的表述中可以看出，“富强、民主、文明、和谐”是国家建设的基本目标，“自由、平等、公正、法治”是社会建设的基本要求，“爱国、敬业、诚信、友善”是指引公民的道德规范。这三个层面互相依托，分别回答了国家、社会与个人的价值导向与奋斗目标是什么，是一种具有明确指导性的价值体系。

我国最近所重申的“两个一百年”的奋斗目标及“四个全面”的战略布局，都是对社会主义核心价值观的践行。“两个一百年”的奋斗目标，一个是经济建设目标，一个是社会与文明建设目标，两个目标相辅相成。“四个全面”包括全面建成小康社会、全面深化改革、全面依法治国、全面从严治党，这不仅是对当前中国发展问题的战略布局，也是对我国在国家、社会及政党建设等方面的价值重申与重塑。值得注意的是，在社会主义核心价值观建设中，社会层面的价值观建设具有承上启下的作用，可以为国家前途及公民素质发展提供土壤及体制机制保障。在我国由政府所主导的社会变革中，只有充分体现对自由、平等、公正、法治等价值理念的追求，才能增强公民对国家发展道路与前途的信心。

2. *政府在社会建设中的作用——亚洲价值 VS 西方价值*

某种程度上可以说，中国崛起的重大价值就是在西方文明面前提供了来自东方的一个参照系，这一文明如何阐述自己，对缓和“文明的冲突”这一重大问题是有价值的。随着中国的日益强大，中国正在成为亚洲价值观的重要代表。与信奉自由主义市场经济的西方社会不同，亚洲的经验及亚洲价值观体现了政府在社会建设中的关键作用。20 世纪 80 年代崛起的“亚洲四小龙”：韩国、新加坡以及中国台湾和香港地区大都建立了一个权威主义的政权，实现了经济的高速发展。“可以把东亚道路总结为：先经济、再社会、后政治；先发展、再分配、后民主。”①

在亚洲国家发展道路上，日本、新加坡都经历了一党独大、高度集权的民主体制；前者是自民党长期执政，后者表现为人民行动党是新加坡建国以后至今唯一的执政党。这种国家治理模式有其社会历史根源，也是符合事物发展规律的。从发展的角度来说，西方国家通过技术突破使得大规模生产成为可能，形成国际市场与先发优势，并通过种种手段对这种先发优势加以巩固；后发展国家往往需要通过严谨的战略研究与发展前瞻，才能为整个国家及企业发展找到符合国际市场需要的战略定位，这是后发展国家必须形成一个强有力的政府的重要原因。新加坡、韩国及中国台湾、香港地区的高速发展都得益于政府决策部门对当时新兴产业发展前景的敏感及对自身竞争优势的定位。然而，正如西方正在经历的金融危机及中国所面临的经济困境所显示的，过于强调政府的力量与过于强调市场的力量都有其弊端。认识市场规律、巧妙利用市场规律解决供给问题、提高资源利用效率才是政府最应该关注的制度建设问题。

后发展国家政府不仅需要在发展道路与方向上、在体制与文化建设上，也需要为整个国家打好基础。政府强有力的意识形态教育与动员可以形成

---

① 郑永年：《中国崛起：重估亚洲价值观》，东方出版社 2016 年版，第 81—82 页。

社会共识，而社会共识作为社会资本，是国家发展的重要条件。日本明治维新的成功，在很大程度上是因为作为岛国的日本国民对自己的优劣势有着清楚的认知："日本人知道自己的优越性。正因为如此，他们也能够认识到别人的优越性。"①这里所体现的正是中国兵家"知己知彼"的辩证法。

目前，西方体制正面临着各种困境，如经济结构失衡、大众民主的弊端等。就经济结构失衡来说，政府必须扮演一个主要的调整角色，而从目前西方民主政治的发展趋势来看，要建立一个强有力的政府已经变得非常困难。西方民主体制正在向执政党与反对党之间"互相否决"的负面效应演变，对社会稳定发展与长远规划造成了一定的损害。西方式民主制度目前看来至少有两点弊端不适合我国国情：一是民主制度的保守性。在民主政治下，各方面的利益都可以得到表达，但要彼此之间作出重大妥协则非常困难；民主制度是一种非常有利于维持现状的制度，而我国目前仍需要深化改革。二是一个高度分化的社会不会有高质量的民主，而我国目前正处于社会财富分配不均及对改革的认识高度分化的状态。我国社会主义核心价值观中所提到的"民主"，作为一种价值追求，在现阶段实行的是代议制民主，而非西方国家的"一人一票"式民主；这是我国在进行核心价值观宣传时所特别需要注意厘清的。

3. 社会主义核心价值观建设的社会基础与制度保障

社会主义核心价值观自中共十八大提出后，目前尚在宣传普及阶段，首先需要在国内达成共识，成为公民的自觉行为意识，才能形成我国对外文化交往的软实力。在具体建设过程中需要注意以下几点，以奠定价值观建设的社会基础及制度保障。

(1) 加强社会公共领域的建设与开放。每个社会都存在着一定程度的、能够形成公共意见的"公共领域"，这一领域，在当今中国因为通讯技术的发展而被碎片化与小圈子化，这一倾向不利于社会共识的形成。目前我国社会各界进行信息交流的主要渠道是微信"朋友圈"，而"朋友圈"顾名思义，是"私人化"及小圈子的产物。一个人的微信"好友"即使达到了 5 000 人（微信好友

① 戴维·兰德斯：《文化使局面几乎完全不一样》，载［美］塞缪尔·亨廷顿、劳伦斯·哈里森主编：《文化的重要作用——价值观如何影响人类进步》，程克雄译，新华出版社 2010 年第 3 版，第 53 页。

数量的上限），距离公共领域对“公开性”与“开放性”的要求也相差甚远；在朋友圈传播的信息与观念影响了人们对公共事务的看法，但这一交流、分享的渠道的本质却是“私人性”的，从中得到的交流快感并无益于社会公共性的建设，反而导致社会交流的碎片化。对这一日益碎片化的世界，需要通过体制机制、通过大家共同关注的问题确保社会公共领域的形成与开放。以中央正在进行的“反腐”工作——从严治党——为例，作为社会关注度极高的重大问题，应该抓住这一在全党、全社会范围内进行价值观教育与社会行为规范建设的重要机会，通过媒体报道与舆论宣传的紧密配合，建设大家共同关注的公共领域，逐步形成公民对法制社会与政治清明的共识。

（2）重视科学与理性精神的培养。如果稍微关注一下微博及微信朋友圈的评论，就会发现我们正处于一个极端分裂的社会。“水军”、“五毛党”、“脑残粉”、“理中客”等污名化称呼的频频出现意味着在对社会热点的评论与辩论中，大多数人并不具有理性与平等的精神，而是忙于往对方身上“贴标签”以证明自己的正确，或是以“贴标签”的方式表达对对方立场的不信任，这使得无论是辩论的过程还是结果都缺少建设性价值。这种缺乏科学与理性的精神正在撕裂我们的舆论场，使得达成“社会共识”变得异常艰难。我们亟须通过适当人群开展科学、理性的阐释与讨论，引领社会进行“明亮的说理”；要做到这一点，首先要关注并培育拥有话语权、作为“意见领袖”的知识分子，引导他们的言论态度从公正与理性做起。

（3）赋予抽象的价值观念以中国内涵。在价值观的抽象概念以外，不同社会对这些价值概念的理解与实践往往带有各自文化的特点，譬如富强、民主、文明等，最终要在各自的社会基础之上、以各自的形式实现。我们对社会主义核心价值观的宣传不能只停留在24字的抽象概念上，而是要赋予其本民族的文化内涵、时代精神及值得遵循的行为规范。对这一宏大价值体系的宣传与推广，需要从每个层面的基本概念及从属概念进行剖析与解读，使之深入人心、引起共鸣、形成社会共识与规范，而不是一直停留在对口号的重复上。

（4）树立民族自信心与自豪感。中国崛起带动了儒家价值观的兴起。24字核心价值观中“诚信”“友善”等内容皆可以从儒家学说中找到重要根源。儒家强调自我修养与学习，“己所不欲，勿施于人”、“朝闻道，夕死可矣”等所包含的平等、求知的文化精神对我们今天提高人格修养与精神追求、建设学习型社会等都可提供丰富的文化资源与价值观指引。要加快梳理、总结我国传统文化价值观中对今天具有借鉴意义的思想资源。哈佛大学杜维明教授指出，在现代西方所代表的普世价值以外，还有一些扎根在中国与东方的普世价值，譬如，“在自由之外要带进公正。在理性之外，要带进同情、慈悲。在法治之外还有礼让。个人尊严以外，还有社会和谐”。[①]公正、同情、慈悲、礼让体现的是中国人严于律己、宽以待人、为人谦逊的处世态度。稍加比较就可以发现，儒家的“仁、义、礼、智、信”体现的是一种自我约束的价值观，而西方的“自由、平等、博爱”则是一种发散性的、强调自我追求与自我实现的价值观。鉴于我国传统价值观的丰富性，厘清传统文化价值观与我国社会主义核心价值观的关系，是一项迫在眉睫的工作。

(5) 以底线思维打造社会共识。目前，我国各地区各方面发展的失衡、财富的差距、观念的冲突，都使得凝聚社会价值共识显得异常艰难。在这一现实条件下，要考虑通过易中天所说的“底线思维”打造社会共识。社会学家孙立平也指出，在寻求共识已不可能的情况下，唯一的办法是寻找最大公约数——找到社会各阶层利益的最大公约数，并用一个新的理念将这个最大公约数体现出来。[②]其实这也是底线思维的一种方式：“做生意，明码实价，童叟无欺；做学问，言之有据，持之有故；做官，不夺民财，不伤无辜；做人，不卖朋友，不丧天良”，[③]能坚持这些“底线”，就是当下社会各阶层利益的最大公约数。可以看出，“底线思维”也是对核心价值观的一种层次化与具体化，可以“底线思维”为基础，将核心价值观分解成日常行为规范与价值引导，并通过“立法”的方式进一步固定下来。

(6) 建立媒体与政府领导人的权威。媒体在报道新闻时要善于从读者的角度出发，将事件的真实情况与准确意义向读者阐释清楚，而不是人云亦云或文过饰非，宣传腔调十足，导致自身公信力受损。媒体不尊重事实、不善于说理的话，就无法在读者面前树立起权威；因我国媒体的特性所决定，媒体公信力受损是国家话语权建设的最大损失。政府机构与国家领导人的权威不

---

① 杜维明：《什么是精神人文主义》，《南方周末》2014 年 12 月 26 日。

② 孙立平：《共识已不可能，只剩找最大公约数》，http://sunliping.blog.21ccom.net/?p=332。

③ 易中天：《“底线”是最重要的》，http://www.gmw.cn/sixiang/2012-05/21/content_4186604.htm。

仅是通过媒体及时准确的报道而形成的，也是通过对突发事件、严重事件的及时表态与回应而树立的。2015 年天津港爆炸事故发生后，习近平总书记 9 天内连续三次作了表态，要求彻查事故责任并严肃追责；2016 年 3 月问题疫苗案曝光后，李克强总理作出重要批示，指出要对相关失职渎职行为严肃问责，绝不姑息……这些对重大事件的及时表态不仅安抚了人心，也让人民群众及相关责任机构看到国家领导人的态度与决心，推动了对问题的调查与处理。目前我国一些政策、制度的制定和执行与社会主义核心价值观的要求还有一定的距离，在民众心目中形成所谓核心价值观只是“空话”以及政府执行能力不足，执行意志不坚决的负面印象。在社会改革、社会保障、医疗保险、教育、环保等社会政策领域，政府亟须在“自由、平等、公正、法治”的价值观指引下积极推进各项工作。

二、话语权与软实力——大国崛起与文明的进程

（一）话语权与软实力：新世界图景

1. *话语权与软实力*

从国际政治及实际操作的角度来看，话语权与软实力是对国家形象研究的递进与“做实”。与“国家形象”这一宏大概念相比，两者所关注与研究的问题相对较具体。然而话语权与软实力这两个概念既有重叠，又有不同之处，值得加以辨析。

将话语与权力相联系的重要人物是法国哲学家米歇尔·福柯。福柯指出了知识、话语与权力的潜在关系。在 1970 年就任法兰西学院院士发表的演讲《话语的秩序》中，他提出“话语即权力”这一著名命题——“话语是权力，人通过话语赋予自己权力”，并指出，在人类自我建构的历史中，最基本同时又是最重要的就是“话语建构”。话语生产关于特定事物的知识，这种知识影响并指引着社会实践，从而具有现实影响力；话语是权力争斗和流通的一种方式，话语如果没有权力则不能建构事实，权力如果没有话语则等于没有权力。[①]概而言之，话语的产生与应用都是权力关系的体现，权力在很大程度上

① 张焕萍：《兴盛与挑战——美国话语权研究》，中国广播影视出版社 2015 年版，第 18—19 页。

表现为“话语”。

软实力是通过议程设置、说服和吸引等同化手段得到想要的结果的能力。①“软实力之父”约瑟夫·奈认为国家软实力主要来自三个方面：文化（在其能发挥魅力的地方）、政治价值观（无论在国内外都能付诸实践）、外交政策（当其被视为合法，并具有道德权威时）。“当一国的文化中包含了普世价值观，其政策中推行的也是被他国认同的价值观和利益，那么双方就会建立一种兼具吸引力和责任感的关系，该国得偿所愿的可能性也会相应大大增加。”奈明确强调了“普世价值观”的重要地位——“狭隘的文化和价值观不可能产生软实力。”②

与软实力所代表的“吸引”、“同化”的力量并不完全相同的是，话语权还包括一种强制性的权力。约瑟夫·奈认为“权力”本身就是一个富有争议性的概念，没有谁的解释一定正确，但他倾向于认为“权力描述的是会随着环境改变而变化的短暂的人际关系”。在他所引用的字典定义中，“权力”与“社会情境”有着密不可分的关系：权力是行动的能力，是在社会情境中影响他人以得到自己想要的结果的能力。在“情境”这一关键要素之外，约瑟夫·奈将权力分为“资源性权力”与“关系性权力”两种，并指出“关系性权力”具有三个层面：命令变化、控制日程与确定偏好。③根据福柯等人对话语与权力的关系所进行的辨析，可以看出“话语权”既是一种“资源性权力”，也是一种“关系性权力”。作为资源性权力，话语权体现的是主客体之间的权力关系——话语对“对象”的描述；作为关系性权力，话语权体现的是主体之间的互动关系——人们通过话语来进行交流，通过表达自己来影响对方。可以看出，话语权在“关系性权力”的三个层面都有所表现，“命令变化”更是话语权在日常生活中的常见形式——譬如各种政府公告及上级对下级的指令等（参见图12）。

“软实力”并不包括“关系性权力”的第一个层面——“命令变化”，而就第二、第三层面来说，软实力与话语权描述的近乎是同一种能力。

我们可以从约瑟夫·奈有关中国的说法中体会“软实力”与“硬实力”的

① [美]约瑟夫·奈：《论权力》，王吉美译，中信出版社2015年版，第19页。
② [美]约瑟夫·奈：《软实力》，马娟娟译，中信出版社2013年版，第15—16页。
③ [美]约瑟夫·奈：《论权力》，王吉美译，中信出版社2015年版，第12—17页。

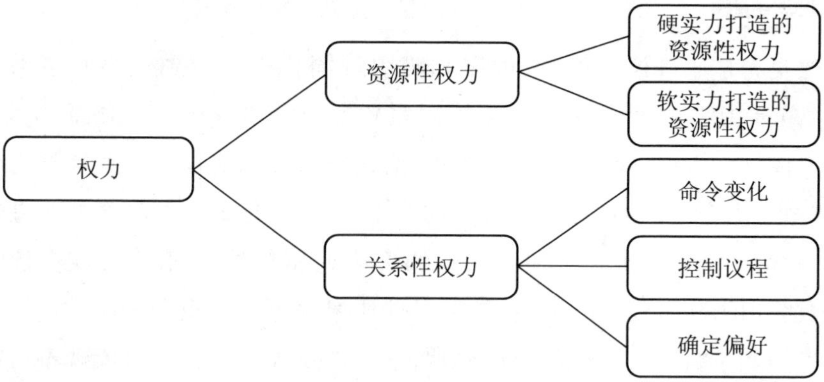

图 12　权力类型示意图

资料来源：作者制作。

区别："像中国这样成功的经济表现既可以产生制裁和限制市场准入的硬实力，也可以产生吸引和仿效成功样板的软实力。""吸引力"产生于行为对象对己方行为的价值判断。正如无数国际政治现实所告诉我们的，即使是出于人道主义的援助项目，也只有在管理得当的情况下才能够产生软实力；如果因为援助而引发腐败、破坏受援助国各社会群体现有的权力平衡，就会在普通民众中引发怨恨而不是产生吸引力。这是在国际上将承担越来越多援助项目的我国政府所不能不加以注意的。

核心价值观是话语权与软实力的基础，三者是互相依存的关系。价值观影响着人类进步，但价值观的影响力不是凭空产生的，政治、经济与文化上的交流互动皆是价值观的载体，也是价值观在更大范围内产生影响的途径——欧洲与美国在全球地位的变化都说明了这一点。一个国家的话语权与软实力是贯彻其核心价值观影响力的重要依托。

2. 国际权力的新变化

如果说当年东亚经济起飞得益于一个正在形成的全球市场体系的话，这一体系通过信息化与技术革命，如今已全面影响着我们生活世界的结构与面貌。正如约瑟夫·奈所指出的，"网络是 21 世纪一种重要的结构性权力"；由于互联网的存在，世界政治的门槛大大降低，非国家行为体大量涌上舞台，越来越多的问题超出了国家的控制范围。可以说，作为崛起的大国，中国所面临的话语环境远比"美国世纪"更为复杂。

面对权力在不同国家间转移及向非国家行为体扩散这一趋势，约瑟夫·奈将当下世界权力的分布模式比作一场复杂的三维国际象棋比赛：在顶层棋盘，美国军事实力的最高地位将持续一段时间；在中间一层，美国、欧洲、日本和中国是主要的竞争者，其他一些国家的重要性也在增强；最底层的棋盘是政府控制范围之外的跨国关系领域，有广泛的非国家行为体参与其中；银行家、恐怖分子、黑客、流行病和气候变化等跨国新挑战也属于这一领域。在各种以跨国形式出现的挑战中，世界各国都没有足够的经验来应对，但都已经意识到动员起来结成国际联盟、建立相应机制应对共同威胁与挑战的重要性。“在此意义上，权力成了正和博弈。仅从超越他国实力的角度来思考问题是不够的。我们必须从实现目标的角度来思考权力，包括与他国相关的权力。在很多跨国问题上，增强他国的权力可以帮助我们实现自身目标。”①

“寻求与他国相关而不仅仅是超越他国的权力”，奈从美国的角度出发对21世纪世界图景的分析，再次向我们强调了文化软实力的重要性。如何学会合作而非竞争，是21世纪国家间的重要课题。此外值得注意的是，大量崛起的非国家行为体成为国家软实力的重要源泉与载体。长期以来，非政府组织被认为是西方国家体现国家意志的柔软触角。有关文化和政治价值观的信息如果来自政府的话，通常会被认为是宣传手段而失去了作为软实力“润物细无声”的价值；而由非国家行为体来进行表达的话，则比政府表达更能体现一个国家的政治氛围与追求——如果普通公民或社会团体认为他们所生活的环境很民主的话，那么这个国家给大家的印象就比政府所宣称的“民主”要更为民主。如何借助非国家行为体的力量扩张国家文化软实力，这是当下寻求影响力的国家所面临的重大课题。我国因为长期以来专注于经济发展，忽略了社会发展与话语建设，目前各级政府对社会力量的发展大多处于失语状态，更遑论利用社会力量建设与发扬文化软实力了。

此外，互联网传播的速度意味着政府对所有议程的控制都将有所减弱。“政治领导人在必须对事件做出反应之前享有的自由度会降低，他们不得不与更多行为体分享舞台。”②要想在网络化的新公共外交中取得成功，政府必

---

① [美]约瑟夫·奈：《论权力》，王吉美译，中信出版集团2015年版，前言，第XVIII—XX页。

② [美]约瑟夫·奈：《论权力》，王吉美译，中信出版集团2015年版，第137页。

须学着放弃大量控制;政府可以做的是尽量去占领网络空间,允许并鼓励工作人员使用社交媒体发挥影响力。尽管有时候公众对政府政策的批评会令政府感到难堪,但这也意味着政府与民间进行交流的渠道是敞开的,这比"防民之口"更能缓解社会的压抑情绪与不满。此外,形象开明的政府也是一种软实力,它对内产生向心力,对外为执政者打造了"游刃有余"的精英领导者形象。

网络快速发展所导致的权力分散对我国也提出了严峻挑战。在主题为"构建网络空间命运共同体"的2015年乌镇互联网大会上,习近平总书记在主旨演讲中明确提出以"网络主权"为首的全球互联网治理体系五条原则,表达了坚决捍卫中国互联网主权的立场。中国政府所设的"网络防火墙"受到西方媒体与政府的攻击,然而正像国内媒体所指出的,这道"防火墙"使得西方的舆论力量对中国进行意识形态渗透没那么容易,"其作用必将得到历史正面评价"。[①]可以说,软实力不足不仅妨碍了我国在国际上发挥应有的影响力,在国内也因自身话语体系混乱及缺少共识等原因,使我们在面对外来意识形态渗透时,更多处于防守而非还击的状态。

然而对外维护网络主权,对内则要重视互联网作为交流与传播平台在政府与民众间开通言路的价值。2016年4月在全国网络安全和信息化工作座谈会上,习近平总书记在讲话中明确指出,形成良好网上舆论氛围,不是说只能有一个声音、一个调子,而是说不能搬弄是非、颠倒黑白、造谣生事、违法犯罪,不能超越了宪法法律界限。"要把权力关进制度的笼子里,一个重要手段就是发挥舆论监督包括互联网监督作用。"并指出要认真研究和吸收"网上那些出于善意的批评"。[②]可见,我国领导人已经意识到在互联网空间寻求与公民"相关"而非"超越"的权力的重要性,而这正是今日话语权发挥作用的关键。

3. 中国构建国际话语权的重要性

正如习近平总书记2016年5月17日在哲学社会科学工作座谈会上的讲话中所指出的,人类社会每一次重大跃进,人类文明每一次重大发展,都离不

---

① 《中国网络防火墙必将得到历史正面评价》,http://news.163.com/16/0411/00/BKB5LE130001124J.html。

② 习近平在网络安全和信息化工作座谈会上的讲话,2016年4月19日。

开哲学社会科学的知识变革和思想先导。哲学社会科学作为人类的认知成果与话语体系，指导着人类社会的进步与发展。我国目前正处于利用哲学社会科学话语体系建设、扩大国家话语权的关键时期。因为一个正在崛起的大国如果不能主动阐释自己的发展经验与信念的话，就会沦为被他人言说的境地。

以20世纪打造了一个“美国世纪”的美国的话语权来看，美国的话语体系包括政治、经济和文化三方面：政治方面，宣扬自由、民主和人权是人类的共同价值追求，向世界传播自由和民主是美国的神圣使命；经济方面，主张自由市场经济是人类历史上最优秀的经济模式，应该在全球范围内推广并取代其他模式；文化及社会生活层面，通过各种媒体宣扬美国文化和生活方式的光环与优越性。可以看出，美国的话语权除了依赖于美国强大的软、硬实力及出色的国际传播能力，其鲜明的价值主张在一定时期内有助于凝聚人类共识、推动共同进步也是必不可少的条件。

如果我们分析一下国际社会中的价值观与共识，可以发现有些国家是通过大力传播新的价值观与理念而掌握国际话语权的，譬如“发展”的观点、文化多样性及环保的理念等，这些都是西方国家为创导者、积极的传播者与推动者。这些理念和价值观与人类社会中的每个成员的生存与发展都相关，因此巧妙地代表了这些价值观与理念的国家，在国际社会中就拥有不容置疑的话语权。同时，一个国家如果从保护自身的利益出发，勇于对现存的国际规则提出挑战并能提供值得大家思考的理由，也会使这个国家赢得国际话语权，譬如，在自由贸易体系中提出“文化例外”原则的法国。为保护法国的文化传统与文化市场不受美国侵蚀，法国在关贸总协定谈判中第一个提出“文化例外”原则，并长期以来坚持不懈。也是在法国的倡导下，2005年10月，联合国教科文组织以压倒性多数通过了《保护文化内容和艺术表现形式多样化公约》，126个签约国认同法国的观点，表达了对保护文化多样性的信念。

对于与欧美国家走了一条不同道路但快速崛起为世界第二大经济体的中国来说，通过建立知识与话语体系、表达思考与理念树立话语权显得尤为重要。话语体系指的是对事物一整套的陈述方式，其对外表现为核心价值观，其内在的精髓则是逻辑的完整性和统一性。[①]话语是证明及描述自身的存

① 张焕萍：《兴盛与挑战——美国话语权研究》，中国广播影视出版社2015年版，第41页。

在，也是展开辩论的方式。正如文化多元论者所言，想证明除西方以外，其他地方人的生活也可能是“有尊严的、高尚的、理性的和完全有人情味的生活”，①唯一的办法是赋予这种生活以“话语”，使其可以被更多人看到，并在接受“评价”与进行反驳的过程中获得自身的话语权。新中国建立以来，我国在公共外交领域作出了很多尝试，除了20世纪70年代中美间的乒乓外交，以大熊猫为代表的国宝外交、举办奥运会、世博会等大型赛会外交、博鳌亚洲论坛等大型交流平台外交，近年来还兴起了卓有成效的“夫人外交”。这些外交活动可以表达善意，但因为缺少精心构建的话语体系，其外交效果往往只能停留在表层。

“话语”有各种各样的形式，包括政治话语、科学话语、流行文化话语等。在流行文化当道的今天，流行音乐和影视剧发达的东南亚国家的国际形象与文化影响力在不断提升，譬如日本、韩国以及后来兴起的泰国等。流行文化通过自身的吸引力来吸引特定群体，在其美学趣味与时代潮流的外表之下，隐藏着特定的价值观与意识形态。通过流行文化审美塑造偏好，是文化娱乐产业的特殊功能，也是欧美国家思想与价值观通过文学、戏剧、影视、音乐等在全世界传播而深入人心的原因。这些国家流行文化成功的奥秘值得重视与研究。

著有《大国的兴衰》一书的保罗·肯尼迪指出：一个民族国家的力量并不仅仅存在于其武装部队，而且存在于其经济和技术资源，存在于用以指导其外交政策的灵活性、预见能力和果敢性，存在于其社会和政治机构的工作效率。最重要的是，国家力量存在于其国家本身，存在于民族中；存在于他们的技术、能力、雄心、纪律、创造性中；存在于他们的信念、神话及其幻想中。进一步讲，还存在于这些因素相互联系的方式中。②大国崛起是一个有机的整体，需要在经济增长的同时，提供自己有关人类社会的观察与思考、信心与信念，造就一个为世界所接受的知识体系，实现价值观、话语权与话语体系的统一。

---

① 理查德·施韦德：《道义地图，“第一世界”的自吹自擂及新福音传道者》，载[美]塞缪尔·亨廷顿、劳伦斯·哈里森主编：《文化的重要作用——价值观如何影响人类进步》，程克雄译，新华出版社2010年版，第229页。

② [美]保罗·肯尼迪：《大国的兴衰》，王保存等译，中信出版社2013年版，第211页。

（二）中国构建话语权的资源与策略

1. 中国构建话语权的资源

目前我国面临着从社会主义话语体系、“中国模式”等不同角度出发构建话语体系的需求，但不可操之过急，因为话语产生影响力与权力的关键在于话语质量，而话语质量建立在对事实与规律的把握以及与话语对象的互动效果上。

有关人类社会的任何有价值的知识体系都是建立在自身的实践之上的。老一辈学者费孝通、梁漱溟等人在解释中国上作出了很大贡献，如费孝通的《乡土中国》、《江村经济》，梁漱溟的《乡村建设理论》、《中国文化要义》等。中国的迅速崛起吸引了全世界的眼光；中国经验不仅对我们分析与总结自身发展轨迹具有价值，对全世界众多发展中国家以及正在面临各种危机的发达国家也具有价值。而今天的学者因为缺少文化根基，也缺少对快速变化的现实的把握能力，使得“讲中国故事”变得异常艰难。习近平总书记在哲学社会科学工作座谈会上指出，“我国哲学社会科学应该以我们正在做的事情为中心，从我国改革发展的实践中挖掘新材料、发现新问题、提出新观点、构建新理论，加强对改革开放和社会主义现代化建设实践经验的系统总结……提炼出有学理性的新理论，概括出有规律性的新实践”。①如果能够做到上述这些的话，我国在话语权建设上就迈进了一大步。

中国特色的哲学社会科学建设有来自三方面的重要资源：一是马克思主义的资源；二是中华优秀传统文化的资源；三是国外哲学社会科学的资源。其中中华优秀传统文化资源的地位与价值尤其值得重视。如果说马克思主义与国外哲学社会科学理论为我们提供了思考的框架与理论借鉴的话，传统文化资源却是凝聚了中国人血肉生命与实践经验的智慧传承。它不仅是我们的文化之根，更可以为当今的社会实践提供一种延续性与传承性。我国前后几任国家领导人都是传统文化身体力行的传播者，他们通过在各种重大场合频繁引用中华传统典故、古典诗词及各种成语表达思想与经验，推动了中华民族传统智慧在世界舞台上的传播与发扬。文化传统的团体性与绵延性在一定程度上可以抵抗经济快速发展所带来的急功近利，保持社会发展的稳

---

① 习近平在哲学社会科学工作座谈会上的讲话（2016年5月17日）。

定性与互利性，这一点在以前被极大忽略，却是社会建设的重要源泉及力量。

《当中国统治世界》一书的作者马丁·雅克认为，“中国本质上是一个文明国家，其身份认同感源自作为文明国家的悠久历史”。[①]文明国家的魅力在于它可以超越民族国家体系，对相似或相近的文化体系产生感召力并提供认同感。因此，要建设文化强国，中国首先需要表达的是对自身作为一个文明古国与文化大国的认知与自信，并通过恰当的渠道宣传与传播有益于全人类的中华文明成果。2015年12月，屠呦呦在出席诺贝尔颁奖典礼所作的发言中，号召全世界重视中国传统医学与中医药的价值，提出中西医药各有所长，应该有机结合，优势互补。[②]我国从神农尝百草开始，对自然资源的药用价值在几千年发展中积累了大量经验，如何把这些实践经验介绍给全人类共享，是中华民族当仁不让的责任与荣耀。

2. 中国构建国际话语权的策略

国际话语权大致可以理解为由制度话语权、媒介话语权、学术话语权、文化话语权和民间话语权五个部分组成。[③](参见图13)这五个部分主要的话语建构方式都是以议题设置为主要手段、以核心价值观为指导、以话语体系建构为基础与依托。权力依赖于情境。要对“情境”形成敏感的反应能力，中国需要充分了解国内外形势及世界各国共同关心的重大问题，以“负责任的大国”的担当精神，主动提出议题，建设国际交流平台。正如约瑟夫·奈认为美国当下应该寻求与他国“相关”而不仅仅是“超越”他国的权力一样，中国构建国际话语权，也需要借助大家共同关心的议题，既表达自己的主张，也认真聆听其他国家及非国家行为体的想法。中国自古以来的“王道”传统与儒家文化体系，意味着中国文化具有较强的包容力——“和而不同”；儒学更有一种强调学习的优秀传统，“三人行，必有我师也”，“朝闻道，夕死可矣”。可以说，从我国传统文化的智慧与包容出发，设置区域与国际性议题，虚心听取世界各国的意见，推动国际社会的交流与合作，正是中国文化的优势所在。

---

① [英]马丁·雅克：《当中国统治世界：中国的崛起和西方世界的衰落》，张莉、刘曲译，中信出版社2010年版。

② 屠呦呦诺奖报告演讲全文，http://www.gov.cn/zhuanti/2015-12/18/content_5025361.htm。

③ 张焕萍：《兴盛与挑战——美国话语权研究》，中国广播影视出版社2015年版，第42—56页。

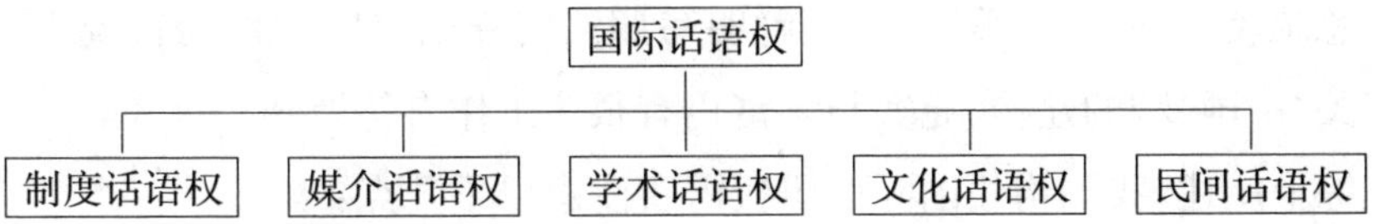

图 13　国际话语权的五大领域

议题设置的能力通俗地来说就是一种话语引导能力，究其实质包含着概念的创新能力、对事实的说明能力、对规则的制定和把握能力、逻辑性和科学性上的说服能力、价值观和意识形态的认同度等[①]各种综合能力与素质。以习近平总书记的说法，就是“要善于提炼标识性概念，打造易于为国际社会所理解和接受的新概念、新范畴、新表述，引导国际学术界展开研究和讨论”。[②]通过提出什么是重要的、值得讨论的，通过推动国际社会围绕这些议题展开讨论，一个国家就逐渐确立了自己在国际社会中的话语权与引领性。

要努力提出新的理念解释自身所处的时代与社会。中共十八大以来，习近平总书记在各种重大场合中频频提到“命运共同体”这一理念。有研究者指出，将国际社会视作“你中有我，我中有你”的“共同体”，并且提出“义利观”这一新的“利益观”，是对国家行为的动机、目标及国际社会结构的重新设定，其背后所隐藏的“建构主义”的思维方式的核心思想为：国际社会结构固然取决于国家间的力量对比和已有的国际秩序安排，但也取决于国际社会成员共有的知识与观念，国际社会的行为主体与国际社会结构之间存在着互相建构的关系。[③]从这一角度来说，中国应该更加重视人文与社会科学领域的国际交流，通过新理念、新思想的建设与传播，避开现有国际结构中国家间的利益对抗，展开观念性的互动。

继“美国梦”之后，我国提出“中国梦”的响亮口号，但后者迄今为止最权威的表述就是“中华民族的伟大复兴就是中国梦”，而“美国梦”在世人眼中是非常接地气的每个公民的梦。“美国梦”是无数人经过奋斗与努力、不断在实现的一种梦想：广义上，它指的是美国的平等、自由与民主；狭义上，则是指一种相信在美国只要经过不懈的奋斗就能获得更好生活的理想。美国第一位

---

① 毛跃：《论社会主义核心价值观的国际话语权》，《浙江社会科学院》2013 年第 7 期。

② 习近平在哲学社会科学工作座谈会上的讲话（2016 年 5 月 17 日）。

③ 王晓玲：《“周边命运共同体”构建与人文交流思路的转换》，《现代国际关系》2015 年第 5 期。

黑人总统奥巴马即是“美国梦”的鲜明写照。同样以“梦想”作为言说方式，我国有关“中国梦”的建构、充实与丰富仍有很多工作有待展开。

综上所述，我国构建国际话语权需要注意以下几点：

(1) 重视文明与文化之间的差距。塞缪尔·亨廷顿指出，全世界正在出现一种以文明为基础的世界秩序，文化类同的社会彼此展开合作；国家间通常围绕着它们文明的领导国家或核心国家来划分自己的归属。[①]这从侧面说明了拥有共同文化与价值传统的国家，彼此之间更容易有共同的关注，形成共同的议题设置，而这种议题设置在某种程度上是人类文明进程的体现。当然，传统文化要为当代所用，需要进行资源转化；通过创造性转化与创新性发展，激活传统文化的生命力，带领古老的文明共同向现代化发展。

(2) 重视文明发展阶段的差异。任何一种文化，尤其是文明都包含着普世价值。中华文明有中国式的人权、平等等价值。并且，权利并不是抽象的，不同国家所处的发展阶段不一样，其国民各种权利的优先权也不一样。面对世界上众多处于不同发展阶段的国家，我国在议题设置上不能仅考虑西方国家的思路与关注，还要重视不发达国家的需要，尊重彼此间的差异，推动不同文化及国家间的交流与合作。

(3) 重视概念主张与经验方案的结合。在围绕我国及其他国家共同关注的重大问题提出能够体现中国立场、中国智慧、中国价值的理念与主张之后，要重视对概念内涵的挖掘与展开，为话语体系建设打下基础。话语内容需要反映现实情况，具有实际可操作性才能产生影响力。以日前网络上流传的中、美、英、日各国小学生守则为例，中国的《中小学生守则》(2015 年版)不乏意识形态话语，有的要求很高，连成人也未必能做到；相比之下英、美、日的小学生守则具有很强的针对性与可操作性。[②]这在一定程度上反映了我国话语体系适用性与适用对象混乱的现状。

(4) 重视不同部门议题设置的统一性与互补性。制度、媒介、学术、文化

---

① [美]塞缪尔·亨廷顿：《文明的冲突与世界秩序的重建》(修订版)，周琪等译，新华出版社 2010 年版。

② 参见《中美英日小学生守则对比：机械灌输是折磨》，http://edu.sina.com.cn/zxx/2013-08-12/1017391767.shtml，及《对比英美日小学生守则，新版的〈中小学生守则〉是否要求太高？》“小花生网”公众号，2015 年 9 月 2 日。

和民间五大部门的议题设置应该具有统一性与互补性，不能出现尖锐的对立与冲突。就一个国家而言，如果“民间话语”与“官方话语”是对立的，那么民间话语就会削弱国家话语权的权威性。美国反恐战争的正当性，在媒体爆出关塔那摩虐囚丑闻以及并未发现萨达姆持有大规模杀伤性武器以后，美国政府的信誉受到极大损害，引发国际社会的强烈不满。媒介话语权代表着一个国家政治、经济、文化热点及公共领域中主要力量的博弈，传媒话语的自由、平等、开放、理性体现着一个国家公共话语的质量，也是最能体现国家意识形态与社会舆论的结合程度的部分。当下我国传统及主流媒体公信力缺失就一个国家来说是一个值得警惕的重大问题。

（5）推动话语权从政治到文化、从文化到政治的双向转化。历史上，西方国家国际话语权的建立经历了一个从宗教话语权到文化话语权再到政治话语权的转化，我国以政府为主导的话语权建设，要注重从政治到文化，再从文化到政治的双向转化。政治话语代表着一个国家对内对外的政治立场，具有强烈的意识形态性质；文化话语则代表着一个国家的人文传统、社会生活的特点与活力，是传统与现代交织最紧密的领域。2014 年 10 月，习近平总书记在文艺工作座谈会的讲话中指出，优秀的文艺作品反映着一个国家、一个民族的文化创造能力和水平，是“不同国家和民族相互了解和沟通的最好方式”。如何让外国民众通过中国作家、艺术家的作品来深化对中国的认识，是我国文化与艺术部门的重要责任与使命。

（6）推动社会力量参与国内外议题设置。海外学者指出，当前中国构建国际话语的方式太过于依赖国家主导，没有积极发动与鼓励社会力量的参与；而考量一个国家国际话语构建和软实力崛起的主体是社会，而不是政府。要激活国内话题倡议能力，要让更多学者争论中国的历史经验与发展道路问题。①中国要提升国际议题设置能力，首先要倡导清明理性的国内议题的设置与讨论，推动非国家行为体积极参与，培养具有国际影响力的智库与民间组织为中国代言，这样才能在国际社会的不同领域中建立自身的话语权与话语主体。

---

① 郑永年：《通往大国之路——中国的知识重建和文明复兴》，东方出版社 2012 年版，第 100—105 页。

(7) 推动海外中国文化中心作为话语权建设的一方基地。作为我国政府派驻国外的官方文化机构，海外中国文化中心这些年建设与发展的成果显著；2015 年，我国海外中国文化中心总数达 25 个，影响力和辐射力与日俱增，已经成为提高我国文化开放水平的重要着力点。政府可充分利用海外文化中心的据点功能，增加服务内容，将其作为媒介、学术、文化和民间等各部门话语权建设的落脚点与大本营。

核心价值观与大国的话语权是一个可以也应该归结到人类文明的高度来进行思考的课题。价值观决定着文明发展的方向与前景，话语权则是建立在硬实力与软实力的基础之上的、一个国家的言论与行为被国际社会所认可与追随的程度。核心价值观体现了一个国家对世界、对发展、对公民的态度，这些作为可以共享的价值，与一个国家的话语权相辅相成。对于正在崛起的中国来说，需要考虑的不仅仅是话语权的建设，更重要的是拥有话语权以后，用它来做什么。这是首先就需要加以思考并进行表达的。

第四章 中国形象与国际文化传播

中国形象是国家软实力的重要组成部分，关系中国梦的实现，而国际文化传播则是塑造国家形象的主要手段与工具。对中国形象的重新建构，习近平总书记最近作了明确阐述："重点展示中国历史底蕴深厚、各民族多元一体、文化多样和谐的文明大国形象，政治清明、经济发展、文化繁荣、社会稳定、人民团结、山河秀美的东方大国形象，坚持和平发展、促进共同发展、维护国际公平正义、为人类作出贡献的负责任大国形象，对外更加开放、更加具有亲和力、充满希望、充满活力的社会主义大国形象。"习近平四个"大国形象"的论述指出了中国形象建设的明确方向，也提出了中国形象建设的紧迫要求。国家形象的国际传播是文化外交的重要内容，中国开展文化外交既要捍卫民族文化之根基，保障国家的文化安全，又要推进世界文化多样性，使一国文化资源转化为世界各国共同的文化财富，使中国形象和中国故事为世界所理解和接受，树立积极而良好的中国形象。习近平总书记的四个大国形象究其根底可以概括为文化形象，而文化的基础是语言，它是最活跃、最根本的构建和传播国家形象的起点。在世界范围方兴未艾的以学习汉语为基础的孔子学院正是中国形象塑造的一个亮点。在了解国际文化传播新特征与新理念的基础上，才能构建中国国际文化传播新框架、去传播中国形象。文化软实力竞争最主要的手段就是国际文化传播，包括参与世界范围内文化规则和文化语境的建构，我们要在国际文化话语平台上变被动为主动，加强国际传播能力建设，应对新媒体出现后所带来的新挑战，善于应用各种新媒体来强化我们的文化叙事，从而提高国家文化软实力。

一、中国形象的建构

文化，是一个国家和民族生生不息的血脉和灵魂，是推进经济、社会与科学发展的重要支撑。文化的发展程度决定着一个国家和民族的文明程度，文化所形成的内在力量是一个国家和民族是否具有向心力和凝聚力的决定性因素。文化代表着国家身份和民族形象，对比政治与经济，其产生的吸引力和影响力更为持久。

德国哲学家恩斯特·卡西尔曾提出一个著名论断："所有文化形式都是符号形式。"①卡西尔这一命题为我们研究纷繁多样的文化形式提供了一个新颖的角度。也就是说，当我们把一种文化形式置于符号的范畴考察时，或许会获得对这种文化形式的特性的新认识。中国形象正是一个符号形式，是中国软实力在海外的投射与反映，是中国梦、中国价值、中国文化等多重因素在外国受众中的塑造。因此，认识准确的中国形象，探寻中国传统价值、中国梦与中国形象之间的关系及其互动，以及通过文化外交构建和传播中国形象正是我们研究的重要方向。

中国形象是国家软实力的重要组成部分，关系中国梦的实现。习近平总书记最近强调阐述的塑造我国"四个大国形象"，指出了中国形象建设的明确方向，也提出了中国形象建设的紧迫要求。

（一）历史上的中国形象

国家形象是指"对一国政治、经济、社会、文化与地理等方面状况的认识和评价"，具体而言，是一国内部公众和外部公众对该国政治（包括政府信誉、外交能力与军事准备等）、经济（包括金融实力、财政实力、产品特色与质量、国民收入等）、社会（包括社会凝聚力、安全与稳定、国民士气、民族性格等）、文化（包括科技实力、教育水平、文化遗产、风俗习惯、价值观念等）与地理（包括地理环境、自然资源、人口数量等）等方面状况的认识与评价。国家形象在根本上取决于国家的综合国力，但并不能简单地等同于国家的实际状况，它在某种程度上是可以被塑造的。②国家形象需要有一个正常的定位。"形象"的英文是 image，是客观存在的，被多数人认同的、相对固定的心理记忆。它的另外一面是 perception，即知觉，是主观的，无数个体主观的感觉，也就成了 image。我们现在所说的中国形象，就是中国以外的个人和群体对中国形成

---

① ［德］恩斯特·卡西尔：《人论》，上海译文出版社 1985 年版，第 34 页。

② 孙有中：《国家形象的内涵及其功能》，《国际论坛》2002 年第 3 期。

的一种已经固定化的心理记忆。一个国家在国际上的基本形象，主要还是取决于这个国家在国际上的表现、实践和成就。①

中国形象具有三个特点：复杂性，变动性以及多元性。中国是一个大国，内部矛盾纷繁，在发展过程中既解决了大量问题，但同时又遗留了不少矛盾。中国在外界眼中的形象也是复杂的，既是一个崛起中的大国，也是一个发展中国家，还是一个社会主义国家，因此，我们不能对外界特别是西方眼中的良好的中国形象过于期待，较好的情形就是让世界尤其是西方认识到中国的复杂性，中国形象的复杂性。变动性指的是世界眼中的中国形象一直是变动的。中国曾是欧洲人的憧憬之地，《马可·波罗游记》可资佐证。明朝万历年间来到中国的意大利传教士利玛窦在写给家人和教会高层的手稿中，中国是这样一种形象：虽然远在天边的皇帝是国家统治者，但实际事务却是由经过考试制度拔擢的文官系统掌控，日常生活则由复杂的风俗习惯所规范，因此维持着社会和谐；而在明朝来华的西班牙传教士闵明多的记忆中，中国是"世界上最高贵的地方，宇宙的中心点，在所有阳光得以照射、万物得以存活之处，那是最荣耀的帝国"。②由此可见，在相当长一段时期内，中国在西方人心目中的形象是相当积极和正面的。但鸦片战争之后，中国成为西方列强的宰割对象，中国形象亦随之一落千丈。多元性体现的是世界眼中的中国形象是多元的，中国以外的个人和群体由于其自身背景，其眼中的中国形象必然是不同的。

中国形象的重新建构是新中国建立以后的重大使命，正如邓小平所指出的："鸦片战争以来的一个多世纪里，外国人看不起中国人，侮辱中国人。中华人民共和国建立后，改变了中国的形象。中国今天的形象，不是晚清政府，不是北洋军阀政府，也不是蒋氏父子创造出来的，而是中华人民共和国改变了中国的形象。"③

（二）中国梦与中国形象

中国应该怎样发展，以一个什么样的形象呈现给世界？这是一个既涉及中国发展道路，又涉及中国形象的重大问题。中国梦正是对这一重大问题的理性回答，具有引领中国发展和推动世界发展的双重价值，展示了当代中国

① 《环球时报》2006 年 12 月 31 日。

② 唐小兵：《西方视野里的中国形象》，《南风窗》2015 年第 1 期。

③ 邓小平：《一个国家，两种制度》，《邓小平文选》第三卷，第 60 页。

的崭新形象。①

国家梦想是国家形象的精神支撑，中国梦可进一步塑造中国人的精神家园，弥补中国国家形象的“短板”。一个国家的主流理想信念不但会影响其发展动力，而且会影响其国际形象。中国国家形象与经济实力不完全相称的一个重要原因是对人文精神的强调不够。正如法共前主席罗贝尔·于所指出的那样，中国道路必须具备人文精神，而中国梦正是有针对性地赋予了中国社会精神层面的追求，可以塑造更综合、更均衡的中国形象。②

2014年年底，中国外文局对外传播研究中心开展了第三次中国国家形象全球调查。中国形象的国际认可度稳步提升，海外民众看好中国未来发展形势。相比前一年，中国整体形象得分进一步提高，但在不同国家中，给中国国家形象的打分差别很大：俄罗斯民众对中国形象的打分最高，为7.6分；而日本民众的打分最低，仅为3.4分。这种差异的主观性体现得非常明显。海外受访者对中国形象认同率最高的描述是“经济发展迅速，人民生活水平较高”，占46%的比例；但是与此同时，45%的受访者也会认为中国是一个贫富差距较大的国家。从整体上看，发展中国家民众的对中国好感度要高于发达国家民众。具体而言，在对中国理念的认同度上，有68%的发展中国家受访者表示认可，这一比例在发达国家中为38%。在对中国经济评价方面，发展中国家对中国经济影响力的认可高于发达国家。对中国军力发展的看法上，大多数发展中国家民众认为中国军力是维护国际秩序和世界和平的重要力量；而在发达国家中，“中国军事威胁论”仍有一定的市场。③

总之，国家形象之争本质上是话语权之争，而话语权的强弱很大程度上取决于话语的建构以及对相关话语的系统的有力阐释。以气候变化为例，不少国家以及一些民间组织在这一问题上有较大的话语权，并主导了《巴黎气候协定》的签署，这与其提出议题和加以系统的有力阐释密切相关。因此，中国国际话语权的获得，同样离不开概念的提出和理念的阐述。我们可以围绕中国梦，打造中国特色、融通中外、逻辑通达的话语体系，④以中国梦塑造新的

---

① 公茂虹：《中国梦：中国在当今世界的崭新形象》，http://theory.people.com.cn/n/2013/0702/c366049-22047043.html。

②④ 金鑫、林永亮：《以解读中国梦为契机再塑国家形象》，《红旗文稿》2014年第15期。

③ 中国外文局对外传播研究中心：《中国国家形象全球调查报告2014》。

中国形象，正如习近平总书记所指出的："中国梦的宣传和阐释，要与当代中国价值观念紧密结合起来。中国梦意味着中国人民和中华民族的价值体认和价值追求，意味着全面建成小康社会，实现中华民族伟大复兴，意味着每一个人都能在为中国梦的奋斗中实现自己的梦想，意味着中华民族团结奋斗的最大公约数，意味着中华民族为人类和平与发展作出更大贡献的真诚意愿。"①

（三）文化外交构建和传播中国形象

1942 年，美国学者拉尔夫·特纳向美国国务院提交了对外文化关系的"特纳备忘录"，明确提出了国家"文化外交"的理念。2013 年，时任国家文化部部长蔡武指出：随着中国对外文化交流日益活跃和深化，文化外交已成为继政治外交、经济外交之后的三大支柱外交之一。国家形象的国际传播是文化外交的重要内容。中国开展文化外交既要捍卫民族文化之根基，保障国家的文化安全，又要推进世界文化多样性，使一国文化资源转化为世界各国共同的文化财富，使中国形象和中国故事为世界所理解和接受，传播积极而良好的中国形象。

将文化导入国家外交战略，古已有之。文化外交是国家关系发展到一定阶段的政治化产物。文化外交概念的产生和重要性的凸显，反映了在全球化背景下，国际文化交往从原来的低政治（low politics）范畴到全球化背景下高政治（high politics）范畴的转变。现代意义上的"文化外交"一词是美国历史学家拉尔夫·特纳在 20 世纪 40 年代最早提出来的，他认为"文化外交"就是由一国政府所从事的、带有浓厚的政治色彩的对外文化交流行为。

文化外交是主权国家为维护本国利益、实现国家对外战略目标，以文化传播为内容，以文化交流、沟通为主要手段，以和平方式开展的官方外交活动。文化外交具有柔软性，也被称为"柔性外交"，相比其他外交形式更易被外国政府和民众所接受。开展各种形式的文化交流，已经成为外交活动领域的重要路径。全球化时代的文化外交与政治、经济、安全外交共同成为建构国家实力的四根支柱，因此文化外交始终属于国家战略范畴。

文化外交具有三个基本特征，即思想性、隐蔽性和长期性。文化外交是为了争取国际民心，是赢得人心的战略。文化外交的重点在于改变或影响人

---

① 《习近平主持中央政治局集体学习时强调：提高软实力实现中国梦》，《人民日报》2014 年 1 月 1 日。

的思想观念，通过思想上的潜移默化，使本国的民族文化被对方国家与民众了解，并且通过本国文化的吸引力输出本国思想观念、价值标准，文化外交因而具有思想性。隐蔽性：文化作为人们思想观念、历史发展的一种长期的积淀，它既可以通过自身直接发生作用，又可以通过政治、经济等有形的载体间接发挥作用。文化外交是文化的运用，它以发展对外文化关系的名义，通过文化交流的形式，如通过教育、艺术交流、人员往来等方式来进行。由于文化手段上的和平性掩盖了国家文化外交的真实目的，容易使人接受。长期性：文化外交的长期性是由文化本身的特性决定的，因为文化的培育、发展、传播就具有不同于政治与经济的特点，文化作为一种软实力，在其发挥作用的过程中，往往要受到更多因素的制约，此外，文化发展水平的提高也不是在短期内能够实现的，因此，无论从动态上看，还是从静态上看，文化力量是一种渐进性的力量而并非是一种突发性的力量。总之，文化外交与政治外交、经济外交既有不少共同点，也有着不同于其他外交手段的个性特征，发挥着独特作用。

作为国家形象的传播载体，文化外交的主要功能之一就是构建良好的国家形象。通过教育与文化项目交流、相互人员往来、艺术表演与展示以及文化产品贸易等渠道，文化外交有效地构建和传播了国家形象。对外语言教学是文化外交的重要组成部分，也是各国构建和传播其国家形象的起点（各国语言文化推广机构简要对比，见表 2）。以西方国家为例，法国最早意识到对外语言教学的重要性，早在 1883 年就创建了法语联盟，在全球推广法语和法国文化，是名副其实的先行者。英国于 1934 年设立英国文化委员会，专责英语与英国文化推广。作为二次世界大战的战败国，德国在经济尚未起飞、百废待兴的环境中，依然在 1951 年恢复了歌德学院（1919 年设立，当时称德意志学院），向世界推广德语和德国文化，以改善德国国家形象。受到法国与德国良好的效果启示，西班牙也于 1991 年创办了塞万提斯学院，推动西班牙语教学和西班牙文化的传播。2004 年，中国国务院正式批准并颁布了《“汉语桥”工程》计划，该计划的宗旨是向世界推广汉语，弘扬中华文化，增进世界各国对中国的了解和友谊，促进世界和平与发展，由此开始，孔子学院建设起步。2004 年 11 月 21 日，首家孔子学院在韩国正式成立，首尔孔子学院成为世界上第一家挂牌的孔子学院，标志着孔子学院迈进了全球发展的新时代，中国也拥有了自己的全球推广汉语和传播中华文化的机构。经过 10 年的努力，全球孔子学院已超过500家，在世界上拥有广泛而积极的影响，对构建和塑造中国形象起到了促进作用。以德国法兰克福大学孔子学院为例，自2007年成立以来，不仅致力于中文教学，课时数与学生数逐年提升，还举办了一系列文化活动，展示了良好的中国形象。2012年是中德建交40周年，孔子学院承担了“中国在美因河畔”大型文化活动。虽然之前没有承办如此大型活动的经验，但孔院还是毅然接受了这一挑战。在中国驻法兰克福总领事馆以及法兰克福市政府的大力支持下，5月25—31日，法兰克福孔子学院在美丽的美因河畔成功举办了中国文化展馆活动，邀请了众多中德知名人士进行访谈、对话、书法、茶道、舞蹈等形式各异的文化交流，接待来宾四五千人。活动赢得了各界的广泛好评，通过活动不仅弘扬了中国传统文化，促进了中德文化的对话与交流，而且扩大了孔子学院的影响，提高了孔子学院的声誉，塑造了良好的中国形象。法兰克福大学孔子学院的另一大文化活动是参与法兰克福书展。作为世界上规模最大的书展之一，每年10月中旬举办的法兰克福书展参展者与参观者多达几十万人，在国际上影响极大。为积极传播中国文化，提高孔子学院的国际知名度，法兰克福孔子学院2015年第一次在书展设立了展台，联合德语区孔子学院共同推广汉语与中国文化。紧邻孔子学院展台的就有歌德学院与法语联盟，孔子学院第一次与德国和法国的语言文化推广机构并立，展示了孔子学院发展10年来所取得的不俗成绩，更传播了良好的中国形象。

表2 各国语言文化推广机构简要对比

机构名称	创办年份	机构性质	设立宗旨	海外分支数量
法语联盟	1883	与外交部有协议的半官方机构	在全世界推广法语，传播法国文化	1 100
英国文化委员会	1934	隶属外交部的半官方机构	推广英语海外教学，增进外国对英国文化的了解	223
歌德学院	1951	与外交部有协议的非政府机构	促进海外德语教学，推动德国文化传播	144
塞万提斯学院	1991	隶属外交部的半官方机构	在全球推广西班牙语教学、研究与应用	60
孔子学院	2004	隶属国家汉语国际推广领导小组办公室的非政府机构	向世界推广汉语，弘扬中华文化，增进世界各国对中国的了解和友谊	505

资料来源：根据各机构官网资料整理。

文化外交属于国际文化传播范畴。习近平总书记反复强调，中国对外文化传播要传播中国的核心价值观，要构建自己的话语体系。这涉及到传播过程中文化价值观的表达问题，也就是说要以合适的话语体系作为载体，来进行对外文化的传播。而话语体系的建立本身就应该建立在既深入了解中华文化的精髓又充分掌握传播语境的前提下，这个话语系统不仅能彰显中华文化的特色，适合承载中华五千年的灿烂文明，也应该是接受者或传播对象能够听得懂、能够理解的话语，它必须能跨越不同语言、文化和风俗的障碍，用他国能够理解的表达方式来阐释中国的历史、中国的实践和中国的核心价值观，真正达到"对话"的效果，引导世界客观理性地认识中国。如何扩大价值观的表现空间，丰富和活跃价值观的表达方式，寻求融通中外的表达价值观的方式，从而增强中华文化影响力和感召力，是构建对外话语体系过程中需着力解决的问题，也是塑造中国形象的重要课题。

二、国际文化传播与中国形象

国际文化传播具有不可或缺的重要性，是构成一个国家和民族文化的基本要素之一，也是连接国家和民族之间的桥梁。参与国际文化传播是一个国家和民族的必由之路，而国际文化传播同时也是塑造国家形象的主要手段与工具。

国际文化传播有一定规律可循，了解国际文化传播规律并遵循这个规律，是开展有效文化传播的正确路径。一般而言，一个国家的对外文化传播大体上可分为两类：一是被动传播，即他国对这个国家的文化作品感兴趣，或有强烈需求，有主动接受传播的氛围和土壤；二是主动传播，即这个国家主动将自己的优秀文化成果与他国、与世界分享，并希望他国能够在此过程中增进对本国文化的理解。主动传播的优势在于可以掌握选择传播内容、传播方式和传播对象的主动权，不利因素在于，接受方也许对传播方的文化缺乏强烈的需求和兴趣，因此文化传播就缺少比较成熟的接受群体和接受环境。在此情况下，有意识地在他国培育对中国文化感兴趣的受众是必须的。从中国在西方世界的文化传播而言，虽然人类历史上曾在西方出现过几次东方文化热，但就目前整个世界的文化交流态势而言，中国对西方的文化交流仍然是"逆势"交流。这就更要求我们充分了解传播对象的语言、文化、历史、习俗，包括他国的意识形态、政治制度、文艺理论等，仔细分析不同受众的阅读习惯和审美趣味，在充分掌握传播语境的基础上制定文化传播的策略，设计文化传播的形式和方法。对于传播语境的认识，还包括对传播市场的研究，这个市场虽然是由异国文化氛围构成的，但从中依然可以找到一些与中国文化有一定沟通基础的群体或机构。利用有沟通基础的群体或机构，发现中国叙述及其文化价值在国际语境中获得认同的关键枢纽，将有助于化解传播过程中遇到的障碍，深入扩大中国文化在海外的影响。

（一）国际文化传播新特征

当今世界，知识经济和全球化加速发展，文化生产力成为生产力中最活跃的因素，文化渗透力则直接决定着一个国家和民族的知名度与美誉度，以及能否在世界文化中占有一定的话语权。文化因素的地位日趋突出，文化交流、传播与合作已成为国家间关系的重要内容。而利用文化提高国家的国际地位和影响力，已成为世界大国的战略选择。文化是软实力的主要载体和具体体现，在经济全球化和科技革命不断深化的国际环境中，文化日益成为国家软实力竞争的重要组成部分。国家和民族之间经济硬实力竞争的背后，是文化软实力的较量。没有文化底蕴的支撑，没有先进文化的引领，没有文化创新的推动，一个国家和民族就会在竞争中落伍，甚至被淘汰。这已为世界历史的发展所证明、所叙述。

当前，与20世纪八九十年代相比，国际文化传播呈现一些重要的新特征：

第一，全球化与知识经济所造成的影响。在全球化牵引下，全球贸易和跨国投资的比例高速增长，使经济全球化成为一种必然趋势，势不可挡。全球化因此深刻地改变着人类的经济往来、社会交往以及文化交流。毫无疑问，全球化无疑会加强世界各国各民族之间的相互依存。同时，全球化推动知识经济发展，其中重要领域即为文化产业的兴起。蓬勃发展、潜力巨大的文化产业，是综合实力的重要组成部分。文化产业在西方发达国家早已成为重点产业和支柱产业，显示了强劲的发展势头和巨大潜力。后起之秀如日本、韩国等也在大力发展其文化产业并取得了不俗的成绩。随着文化产业和文化市场在世界范围内的崛起与发展，国际文化传播中的经济功能日益突出。在世界贸易组织成员之间的各次谈判中，文化引进和文化输出从来都是作为国际贸易的一个重要组成部分，与整个国际贸易统筹考虑，而不是单纯的国际文化传播。保护本国文化和文化产业，事关国家文化主权，已成为各国政府国际文化传播的重要课题。对外文化贸易是文化产业和文化产品的国际交流，既是对外贸易的一个重要组成部分，又是维护文化主权的一个重要领域。对外文化贸易量的规模和质的占有，是一个国家文化发展现代化程度的反映，多大程度上占有国际文化市场，多大程度上吸纳国际文化资金来发展文化产业，标志着一个国家在国际文化贸易中的地位和综合实力。需要指出的是，积极发展文化产业已成为各国政府的自觉意识。

第二，互联网技术所带来的变化。21 世纪的今天，信息化、数字化、地球村已不再是新词汇，互联网迅速地成为人们生活的重要内容，其对人类的意义远远超出了技术和经济本身，为我们带来了广泛的新机遇和新挑战。互联网打破了地域和时间界限，把世界联系得更加紧密，使得国际文化传播更加方便和有效，人类的生活也因此更加丰富多彩。与此相适应，各国文化交流的迅捷、便利和密切，则驱使不同文化之间的相互影响与相互沟通，其结果在于，既有不同文化的冲突和碰撞，也有文化变异现象的产生，还有文化差距缩小的趋势，即与经济全球化相适应的文化全球化。

第三，各国政府从不自觉地运用到自觉地推动文化外交，究其实质，文化外交也是一种国际文化传播。例如，冷战结束后，日本政府就注重把文化外交的精神贯彻到实际政策当中，从较为深层的教育体制、教育政策，到国际文化传播的政策与实践，都发生了较为明显的转变。当时负责执行日本文化外交的主要机构“国际文化传播促进会”发表了《国际文化传播行动计划》，它充分体现了冷战结束后日本文化外交的理念与政策要求。该计划声称要加强国际文化传播，以此来促进世界和平，加深相互理解，使国际社会了解日本，促进日本的国际化，并贡献于世界文化。①显然，文化外交已被各国政府作为有效的外交手段，运用到其整体外交之中，成为处理对外关系的有力工具。

第四，国际文化传播是文化产业和文化产品的竞争。在经济全球化加速发展和中国加入世界贸易组织的大背景下，国外文化产品大量涌入，与中国文化企业同台竞争，抢占文化市场，已成为我们必须面对的严峻挑战。中国丰富的文化资源不能仅仅成为外国文化企业的原材料，我们的文化市场也不

---

① 姚奇志、胡文涛：《日本文化外交的观念变革与实践创新》，《日本学刊》2009 年第 5 期。

能成为外国文化产品的倾销地。应该从维护国家文化安全和文化主权的高度，既要履行既定承诺，建立健全新型文化外贸体制，将文化领域的对外开放纳入世界贸易组织谈判的总体框架之内，为我们的文化产业争取更高的国际贸易待遇，努力在国际文化市场上赢得文化竞争的战略主动，同时又要清醒地认识对外文化开放的特殊性，掌握好世界贸易组织的基本规则，充分利用"文化例外"的国际通用惯例，维护文化主权，为民族文化产业的崛起争取更为广阔的发展空间。鉴于国际文化贸易的地位日益突出，必须及时把握世界文化发展的趋向，把国际文化传播视为文化外贸的一种手段，力争良好的经济效益和传播效果。

（二）国际文化传播新理念

以往，我们对国际文化传播持有较为陈旧的观念，其表现为：第一，单纯的文化观，即视国际文化传播为孤立领域，未能将其与国际政治、经济和社会有机结合起来，就国际文化传播而论国际文化传播，并且作为政府的专属领域，没有与公共外交、民间外交相融合。第二，将国际文化传播作为经济发展的附庸，即所谓的"文化搭台，经济唱戏"，国际文化传播被视为跳板，忽略了文化的本质属性，过于强调了经济属性。第三，国际文化传播的意识形态属性被过于突出，把国际文化传播与政治过多地联系起来，从而成为意识形态的附属品。第四，文化产业的着重点落在产业上，文化成为各类产业中的一个，形成把文化产业理解为变文化为产业的误区，这种误区最终将使文化湮灭在产业中，进而沦为以谋求经济利益为目的的经济行为，文化的主体性被淹没和稀释。

鉴于国际文化传播已呈现其新特征，我们应跳出陈旧理念的束缚，在国际文化传播领域建立相适应的新理念：

1. 共存共生、和谐融合的新理念。世界已进入一个新的历史时代，即多文明和多文化共存共生的时代。在以多元文化为背景的人与人之间相互交往日益密切的时代，从不同文化、文明中找出其共有价值的重要性日益显著，"通过对话的多文化共生与价值的共有"是现在国际文化传播最受期待的课题。①共存共生、和谐融合理念具体包括四个方面：(1)尊重"和而不同"；(2)尊

① 姚奇志、胡文涛：《日本文化外交的观念变革与实践创新》，《日本学刊》2009年第5期。

重多样性文化与价值;(3)创建“文化公共空间”;(4)推进文明间对话。

2. *有容乃大的新理念*。该理念的实质就是如何对待和接受外来文化问题。对外来文化采取“拿来主义”还是不屑一顾;是积极引进和学习外国先进科技、思想和文化并为己所用;同时结合本民族文化进行改造吸收还是全盘西化,是我们当前和未来的重大课题。在信息化与全球化不断深化的国际背景下,显然不能简单地吸收外来文化,而应积极创新,寻求多元文化之间的交流,通过国际化促进自身社会的变化,创造开放的文化交流空间。

3. *文化力的新理念*。文化力是生产力,是生产力中最活跃的因素,其核心是创新,是知识经济,以知识劳动为源泉,以知识创新为动力。作为文化力体现的文化产业属于朝阳产业,不仅可以拉动其他相关产业发展,而且在经济处于衰退周期时,其发展反而呈现逆势上扬的态势,具有明显的反周期调节的作用。以韩国为例,经历亚洲金融危机后,韩国经济急剧下滑,为此韩国政府提出“文化立国”战略,通过文化产业激活经济,电视剧、电影、网络游戏等逐渐形成了发达的产业,其产品风靡全球,同时带动了相关的网络建设、数字电子产品以及时装、美容、美食、旅游等产业。统计显示,文化产业已占全球生产总值的7%,约1.3万亿美元,是全球旅游业收入的两倍。①

4. *新文化产业发展观*。把文化产业的关键词落在文化上而不是产业上,文化是目的,产业是手段,强调文化的主体性和主导性,把产业作为文化传播的载体。利用经济交往和产业形式作为文化交流的桥梁,“经济搭台,文化唱戏”,使文化通过产业形式的载体在国际上得到广泛传播和彰显,从而促进不同文化间的相互理解,让世界通过以产业为形式的载体达到了解中国文化的目的。

5. *新“铁三角”观*。在国际文化传播中,理顺政府、市场和企业的关系。重视政府的主导作用、企业的主体作用和市场配置资源的基础作用,使三者有机统一。政府部门通过制定实施政策法规,依法管理和服务,为文化产业的发展营造良好环境,同时不断完善市场体系、健全市场机制,充分发挥各类企业和市场机制的作用,使更多企业自主经营发展,充分参与到国际文化传

① 《在应对危机中实现文化产业新发展》,《中国信息报》2010年2月25日。

播的大潮中。①

（三）构建中国国际文化传播新框架

随着改革开放的逐步深入，综合国力的日益增强以及国际地位的不断提高，中国对外文化传播也取得了长足的发展，传播的规模和范围不断扩大，内容和形式更加丰富，渠道和层次更加多样，初步形成了全方位、多层次、宽领域的良好态势。但不可否认的是，中国国际文化传播还存在不少亟待解决的问题，如资金不足、阵地甚少、手段不多、影响有限等，使国际文化传播难以取得应有的效果和发挥应有的作用，与中华文化的辉煌历史相比，差距甚为明显。中国加入世界贸易组织之后，进一步对外开放、发展外向型经济、实施“走出去”战略已成为我们的对外经济战略。这就为文化产业的战略调整提供了一种全新的发展思路：“走出去”，不仅经济要“走出去”，文化也要“走出去”。必须在全球化的背景下重新考虑文化产业的发展道路和发展模式。因此，面对新的形势，中国国际文化传播要实施“走出去”战略，大力向世界推介中华民族优秀文化艺术，扩大中国文化的国际影响力，扩大中国在世界上的文化辐射力。为此，中国文化应以更加开放的态势融入国际社会，不断开拓国际文化传播的新领域、新渠道和新形式，通过实施“走出去”战略，积极推动优秀的文化产品和文化产业走向世界，在国际上传播良好的中国形象。

1. 更新观念以适应国际文化传播的新形势和新局面

由于以往几十年计划经济模式的局限和束缚，中国的观念差距主要体现在两个方面：一方面是对文化在经济发展中的地位与价值，以及文化的竞争力和贡献力认识不足。事实上文化竞争力是国家综合竞争力的重要组成部分。长期以来，文化被视为需要政府大量投入的福利事业，是难以带来大规模直接经济效益的，因此严重依赖政府拨款和投资，自身缺乏造血功能。在经济高速发展过程中，对文化的投入由于受到这种观念的影响而未能与经济发展相适应，文化产业无论在规模上还是在人员培养上都严重滞后。另一方面，文化一直被视作教育人民、传播主旋律的载体和方式，对其产业功能有所忽视，因而在政策法规制定、市场环境培育、推进文化产业等方面均着力不够。

面对国际文化传播的新形势，更新观念已迫在眉睫。

---

① 《在应对危机中实现文化产业新发展》，《中国信息报》2010年2月25日。

首先，以市场为导向，强化市场意识，不讳言文化传播的经济效益和商业模式。在全球化时代，经济与文化的关系日益密切，文化传播没有经济效益是难以持久的。美国百老汇与好莱坞均以市场为其创作准绳和目标，以消费者为创作导向，其内容与形式因而能适应市场需求，迎合消费者的需要，在国际文化传播中占有优势。我们的文化创作则偏重于获奖，将能否获奖与能否获得更多拨款以及更多领导的首肯，视为追逐的目标，而忽略市场开发、市场回报的重要性。其结果即使由于迎合了少数人的口味而获奖，但忽视了观众这一市场消费主体，其市场回报极差，更不用提进入国际文化市场了。在某种程度上，文化消费决定文化市场，决定文化传播。因此，我们应该以先进的文化观念和开放的市场意识投入国际文化传播，注重文化产品经济价值的实现。

其次，以文化传播主体为抓手，培养其在国际文化传播中的竞争意识。目前构成文化传播主体的核心仍然是国有文化集团企业，中国对外文化市场基本上由其掌控，民间文化机构和文化传播主体的生存空间非常有限，即便在国内文化市场上都缺乏竞争，更不用说参与国际文化市场中的竞争。正因为如此，这些国有文化企业竞争意识薄弱，容易满足于在国内文化市场上的占有率，对加入国际文化传播和竞争动力不足。但是，随着中国入世过渡期的结束，外国文化机构和文化企业进入中国市场已在所难免，本土市场已不再是国内企业之间的竞技场，而成为中外文化企业同台比拼的场所。没有经过竞争的考验，没有国际文化市场角逐的经验，文化企业如何参与国际文化传播恐怕是一个需要直面解决的课题。

再次，以建立规则为方向，树立科学的管理理念。在多年计划经济模式下，中国文化更是按照计划模式运作，政府行政干预过多，管理方式陈旧，不能适应市场经济的高速发展现实。由于文化传播主体多为国有企业，文化管理部门习惯于用行政手段发文，处理这些企业的内部事务，包括文化创作、市场运作乃至企业的分配，政府管理部门涉足过深，干预过多。这样既违背了市场原则，也不利于文化企业参与市场竞争。应该按照市场经济的法则，改革现行的管理体制，创新现行的管理手段和方法。取消和下放行政审批权，政府管理部门和文化企业必须脱钩。同时，应放开民间资本参与文化传播，拓宽民间文化企业的生存空间。在文化市场的国际竞争中，必须善于运用国际市场规则和世界贸易组织规则，科学管理，促进文化发展和国际文化传播。

2. 建构市场体系以参与国际文化传播和竞争

市场体系此处包括文化传播市场与市场服务两个部分。就文化传播市场而言，乃是市场体系的核心与关键。中国应通过政府调控和市场运作相结合的方式，建构有形的文化传播市场，例如综合性文化贸易中心和贸易基地，为国际文化传播提供优良的渠道，吸引国内外资本，培植和扶持文化企业和文化基地，使中国成为国际文化传播的大市场和文化贸易的大平台。

市场服务体系则由政策法规和管理体系、文化统计指标体系、信息咨询服务体系等共同组成。

第一，文化的发展和国际传播必须有法律的保障，只有健全的法律制度，才能保证市场环境与国际传播环境的公开与公正。法律法规越健全、越透明，竞争环境越公正，就越易于建构良好的市场体系，吸引国内外资本投资文化产业，进行国际文化传播。中国文化的国际化既是一个目标，同时也是一个过程。在这一进程中，国际上通行的世界贸易组织规则与国际规范在中国也通用，中国因此需要制定相关的文化立法，出台相应的文化政策，用于指导文化产业发展与国际文化传播。

第二，在信息社会，便捷的信息服务和畅通的交流渠道是国际文化传播的保证，谁拥有信息优势，谁就易于掌握竞争的主动权。为此，建设一个服务于中国国际文化传播主体，面向国内外文化市场和国内外文化企业的文化信息交流平台是十分必要的。通过这一平台，中国文化企业可以了解国内外文化产业的相关法律、法规与规则，了解其他文化传播主体，获得最新信息，为建立国际文化传播铺路搭桥。

第三，国际文化传播离不开人才，建立能满足国际文化传播市场需要的人才高地势在必行。国际文化传播的覆盖面十分广泛，对复合型人才的需求非常急迫，因此，需要在人才的引进和人才的培养两方面加强探索，形成合理的人才引进和培养机制。人才紧缺已制约着中国文化产业的良性发展和国际交流，注重一流人才的引进乃中国文化发展的当务之急。同时，为长远之计，中国也要加强人才的培养和培训，搞好人才的战略储备。

3. 培养传播主体以应对国际文化传播与竞争

国际文化传播主体是中国参与国际文化传播的直接行为体，是中国国际文化传播实力的体现与代表，也是中国文化走出去的主要力量。因此，培养中国国际文化传播主体，壮大其实力，应对国际文化竞争乃是当前的重要任务。

中国国际文化传播主体包括大型文化企业集团、中小型文化企业以及文化经纪和中介机构等。由于传播主体存在差异，而且规模上有着不同，故宜针对不同对象采取不同的做法。

政策上应扶持大型文化企业集团做大做强。大型文化企业如同国家的名片，不仅在国际文化传播中处于中心地位，而且其强大的实力可以将影响辐射到全世界。与美国、英国、日本等国家相比，中国的大型文化企业数量不多，竞争实力也不够强，而且这些文化企业集团均由文化事业单位转制而来，没有按照文化市场机制运作和发展。应鼓励这些大型文化企业走向市场，走出国门，在国际文化市场的竞争中逐渐发展壮大。

政府应降低门槛，吸引社会资本进行文化投资，发展中小型文化企业。目前，中国的文化市场准入标准比较高，优惠政策也不如工业产业那么多，制约了社会资本投资文化产业的积极性。韩国的经验值得汲取。韩国通过积极扶持社会资本投资文化产业，使整个产业迅速发展，其产值已超越造船业和汽车制造业。①中国应进一步解放思想，放宽政策，降低准入门槛，提供优惠政策，吸引文化投资，推动构成文化产业基础的中小型文化企业的发展。

借鉴国际经验，培养中国的文化经纪和中介机构。文化中介既是国际文化传播中不可或缺的中间环节，也是国际文化传播的主体要素。文化经纪和中介机构的规模与经验直接关系到中国国际文化传播的数量与质量，规模小，资金不足，缺乏国际运作的经验，就无法对文化产品进行必要的包装、宣传和推广，就无法走出去承办海外演出与其他国际性活动，则必然影响国际文化传播的展开。大力发展中国自己的、大型的、国际化的文化中介和经纪机构十分必要，也势在必行。

4. 创设品牌以增强中国在国际文化传播中的文化辐射力

品牌乃国际文化传播中一个国家的文化名片，是一个国家和城市确立自我身份和地位的重要要素。借助品牌，可以促成交流，扩大国际影响力，提升

---

① 王仲伟主编:《上海文化发展规划研究》，上海人民出版社 2007 年版，第 138 页。

国家的国际地位。因此，中国需要有自己的文化品牌，不仅可以参与国际文化传播，而且可以在交流中不断提高品牌的价值。

第一，借节日庆典契机开展国际文化传播，塑造品牌。我们以往更多地借助一些政治性节日庆典，如国庆、建交周年等。近年来，我们更注重挖掘节庆的文化内涵，致力于打造一个拥有国际知名度的春节品牌。经过多年的努力和不断调整改进，春节品牌的影响力和吸引力持续增长，开始从一般大众影响到国外主流社会。

第二，鼓励国际文化传播中心城市打造节庆品牌，作为国际文化传播的重要平台。以上海为例，改革开放以来，随着国际文化传播的开展，上海已成功举办了上海国际艺术节、上海国际电影电视节、上海之春国际音乐节、上海旅游节、上海国际服装文化节、上海书展、上海国际茶文化节等一系列大型文化活动，成为国际文化交流的活跃舞台，在国内外产生了很大的影响。全国各类节庆会展很多，但是像上海的节庆能成为国际交流平台的并不多，各地应通过政府的必要扶持和市场运作，通过持续的推广，有选择地重点办好标志性大型文化节庆，并努力将其打造成为世界级的品牌，使其成为国际文化传播的重要窗口。

第三，推广中国文化产品品牌，作为国际文化传播的内容产品。文化内容产业是文化产业的核心部分，是拉动整个文化产业增长的关键环节。内容产业的产品需树立品牌意识，也需要获得政府的政策扶持。对于具有地方和民族特色、具有核心竞争力、能参与国际文化传播的内容产品，应该予以特别关照和政策倾斜，从而培育中国的知名文化产品品牌，就像过去的老字号，如老上海的大世界游乐场、大光明电影院、百乐门舞厅，不仅领衔全国，甚至傲视远东。但在相当长一段时间里，我们已没有自己的文化品牌了。

三、中国形象传播与国家软实力

中共十七大报告明确提出："要坚持社会主义先进文化前进方向，兴起社会主义文化建设新高潮，激发全民族文化创造活力，提高国家文化软实力。"中共十七届六中全会通过了《中共中央关于深化文化体制改革推动社会主义文化大发展大繁荣若干重大问题的决定》，更是将实施中国文化"走出去"战略和提升中华文化国际影响力作为增强中国国际话语权与国家文化软实力的基本手段。当今世界，文化因素的地位日趋突出，文化传播与合作已成为国家间关系的重要内容，而利用文化传播提升国家形象已成为世界大国的战略选择。文化代表着国家形象，对比政治与经济，其产生的吸引力和影响力更为持久，是国家软实力的主要载体和具体体现。在经济全球化和科技革命不断深化的国际环境中，文化传播日益成为国家软实力竞争的重要组成部分，成为塑造国家形象的有效手段。

（一）文化传播促进国家软实力

“软实力”一词最早由美国哈佛大学教授约瑟夫·奈于1990年提出。约瑟夫·奈认为，软实力是指“影响他人选择的力量”。对于国家而言，软实力是一个国家使得其他国家以其预期目标为目标的同化力量；而建立预期的能力则往往与文化、意识形态和制度等无形力量资源相关。[①]此后约瑟夫·奈进一步指出，如果一个国家可以建立并且主导国际规范及国际制度，从而左右世界政治的议事日程，那么它就可以影响他人的偏好和对本国国家利益的认识，从而具有软实力，或具有“制度实力”(institutional power)。后来在其著作《软实力》中，约瑟夫·奈把“软实力”明确定义为“是通过吸引而非强迫或收买的方式来达到自己目的的能力。它源自一个国家的文化、政治观念和政策的吸引力”。他把国家的软实力归于三种主要资源：其一是能对其他国家产生吸引力的文化；其二是能真正实践的政治价值观；其三是能被视为具有合法性和道德威信的外交政策。可见，约瑟夫·奈的软实力理论包括了文化、政治、外交三个组成部分。

就文化软实力而言，它包括文化竞争力、文化辐射力和文化信息力等。文化信息的不对称，必然导致文化传播的不对称，而传播的不对称所形成的文化市场的不平衡，其结果势必使得处于弱势交换中的主体丧失市场的主动权。这种主动权的丧失，必然影响到一个国家在国际文化传播和国际文化市场中的权重。巨大的文化贸易逆差已经损害着经济贸易中的国家利益，更阻碍着文明精神的传达，妨碍着世人对中国的认识，妨碍建立良性的

---

① Joseph Nye, Jr., “The Changing Nature of World Power,” *Political Science Quarterly*, Vol. 105, No.2, pp.177—192.

国际关系。[1]这也表明，中国在文化软实力上与西方国家存在着巨大差距，不利于一个良好的中国形象的塑造。

《文化帝国主义》的作者汤林森认为，媒介并不是现代文化的中心，它只是中性地、平等地扩散。真正对人们的价值认同产生影响的，是全球化，以及不同国家软实力之间的较量。发达国家借助硬实力的强大，利用全球化，将消费主义文化推广成一种普世价值，消解着穷国的民族文化。[2]但事情显然还有另一面，在信息化的氛围中，越是本地的，就越是全球的。本地知识，可能成为一般知识的"此在"，因此更有生命活力。这也许是发展中国家进行文化软实力竞争的立足之地，是塑造良好的中国形象的出发点。

文化软实力竞争最主要的手段就是国际文化传播。作为强势的西方文化，凭借强大的经济实力和现代化的手段，可以迅速地向世界各地传播，而非西方文化的对外传播和交流却面临很大困难。这其中的主要原因，既有西方的文化霸权，还有就是西方文化率先完成了现代化的过程，实现了与现代科技、现代市场的结合，然后有意识地在全球推广。长期以来，我们既没有制定出一个明确而完善的国际文化传播战略，我们的文化企业也缺乏具有国际竞争力的文化产品，文化品牌建设尤其薄弱。我们的国际文化传播与交流的意识和手段均落后于国际潮流，很难以商业化的手段，进入西方主流销售渠道。因此，在国际文化传播中，参与国际文化传播的主体应加强合作，形成合力，学习和借鉴发达国家的先进经验，不断扩大文化产品的输出，才能改变我们在文化软实力竞争中的弱势地位，才能在塑造中国形象上有所作为。

习近平总书记多次强调，提高国家文化软实力，要努力夯实国家文化软实力的根基，要努力展示中华文化独特魅力。在五千多年文明发展进程中，中华民族创造了博大精深的灿烂文化，要使中华民族最基本的文化基因与当代文化相适应、与现代社会相协调，把继承传统优秀文化又弘扬时代精神、立足本国又面向世界的当代中国文化创新成果传播出去。牢牢把握中华文化的根基，在对外文化传播中十分重要。然而，要做到完美展示中华文化的独特魅力，就首先要知道中华文化的独特魅力在哪里，也就是文化基因是什么。

---

① 任晶晶：《应当重视中国文化"走出去"战略》，《文艺报》2007年5月18日。

② [英]汤林森：《文化帝国主义》，冯建三译，上海人民出版社1999年版，第67—131页。

不同的文化基因滋养了不同民族不同的文化，形成了不同国家不同的习俗、制度和发展历程。比如中西方不同的文化基因产生了不同的思维方式和逻辑起点，而传统思维和逻辑起点的差异决定了其政治制度、政党制度、国家结构和发展道路的差异。我国对外文化传播过程中要做到理论自信、道路自信、制度自信和文化自信，就要了解国外的理论、道路和制度及文化，了解我们的制度与西方的制度之间的差异，政府智慧又有怎样不同的表现方式，做到知己知彼。只有在充分了解别国政治制度的基础上，才能对我们自己制度的特点有更深的了解，才会有更坚定的民族自信。

（二）参与国际社会文化建构，增强中国软实力

中国要成为引领世界潮流的全球文化大国与文化软实力强国，就要使文化传播积极参与世界范围内文化规则和文化语境的建构，其核心是积极参与国际文化规制建设，在国际文化话语平台上变被动为主动。

2012 年起中国就积极开展与联合国教科文组织的合作，利用这一国际文化话语平台传播中华文化，参与国际重要文化规则制定，增强国际文化话语权。中国努力创新与联合国教科文组织的合作形式与合作模式，从单纯的国际规则执行者逐步变为规则的制定者和参与者，突出地表现在非物质文化遗产和文化多样性两个方面。中国围绕《保护非物质文化遗产公约》和《保护和促进文化表现形式多样性公约》两个公约，全程参与公约的谈判、制定及实施过程，有计划、有步骤、有重点地开展公约框架下工作，力所能及地提供资源和支持，积极举办系列活动，得到联合国教科文组织和国际社会的广泛认可。2012 年 2 月，中国还与联合国教科文组织签署关于在北京建立亚太地区非物质文化遗产国际培训中心（简称“亚太中心”）协议，组建了管理委员会并举办成立大会。①

参与世界知识产权保护规则的制定是中国利用国际话语平台提升国际文化话语权、增强国家软实力的又一个突出表现。2012 年 6 月 26 日，由中国主导，规定包括表演者拥有复制权、发行权、出租权以及提供表演的权利和向公众传播权利的《北京条约》，在北京召开的世界知识产权组织保护音像表演

① 《重视多边舞台　中国国际话语权大幅提升》，http://www.ccnt.gov.cn/xxfbnew2011/xwzx/lmsj/201211/t20121107_267127.html。

会议上成功缔结。该条约的缔结，标志着表演者权利保护从传统走向现代，从制度创建走向制度完善，首次较为全面地解决了世界范围内视听表演知识产权保护工作的基础性、原则性、系统性问题，结束了表演者权利不能享有完整知识产权保护的历史，对于促进国际知识产权合作、推动世界文化产业发展具有重大意义。《北京条约》的签署，在全世界面前再次推出了“北京”品牌，有利于深化与世界知识产权组织的合作，也有助于加强中国参与国际规则制定的话语权。①

参与国际社会的文化建构还需要设计和提出国际性的文化议题，参与和举办国际文化会议，开展国家间文化合作项目，评选和颁布国际文化奖项等，从而使中国形象和中国声音在国际文化版图上占有重要席位，增强中国文化软实力。

（三）加强国际传播能力建设，提高国家文化软实力

伴随中国经济的增长，包括文化艺术业、新闻出版业、广播电视业、电影业、音像制品业、娱乐业以及演出业在内的庞大的中国文化产业正在蓬勃发展，我国国际传播能力得以逐步提升。截至2012年12月底，中国已同149个国家签订了政府间文化合作协定和近800个年度文化交流执行计划，与上千个文化组织保持着密切的合作关系。如表3所示，我国图书、录音制品、音像制品、电子出版物、软件以及电视节目的版权输出逐年增加，文化贸易逆差出现不断缩小的良好势头，其中图书版权的引进输出比由2003年的15∶1缩小到了2011年的2.1∶1，2014年进一步缩小到1.92∶1；2012年中国核心动漫产品出口额达11 156.3万美元，较2010年出口总收入增长40%；中国出口游戏产品的数量也明显增加，近100款网络游戏产品出口海外，数量总数超过150款。②但是，我们需要正视的现实是，中国与西方相比，在传播能力上存在着巨大的差距，目前传播于全球大部分地区约80%—90%的新闻资讯都由西方通讯社提供，国际新闻市场的资讯来源及资讯解释权几乎被西方主流通讯社垄断。以美国为例，美国人口仅占世界人口总数约5%，却控制了世界约75%的电视节目的生产和制作，每年向别国发行电视节目总量达30万小时。

---

① 苏娟：《提升国际文化话语权 维护国家文化安全》，《当代世界》2013年第9期。

② http://www.cnci.gov.cn/content/20121128/news_76905.shtml.

传播于世界各地的新闻有60%—80%的栏目内容来自美国，而在美国自己的电视节目中，外国节目播出占有率只有1.2%。美国公司出产的影片产量只占全球影片产量的6.7%，却占领了全球总放映时间的50%以上。[①]而中国的情况却大相径庭，尽管全球使用汉语者占世界人口总数约25%，但全球以汉语为载体的信息量仅占全球信息总量约5%，中国在国际传播领域明显处于被动地位。[②]

表3　中国版权合同登记及引进和输出情况(2014年)

		图　书	录音制品	录像制品	电子出版物	软件	电影	电视节目	合　计
总数	引进版权	15 542	208	451	120	46	8	316	16 695
	输出版权	8 088	139	73	433	5	0	1 555	10 293
美国	引进版权	4 840	41	404	25	19	6	116	5 451
	输出版权	734	53	66	139	5	0	219	1 216
英国	引进版权	2 655	2	37	27	5	0	115	2 842
	输出版权	410	0	0	38	0	0	59	507
德国	引进版权	807	18	0	7	6	0	2	841
	输出版权	304	0	0	46	0	0	58	408
法国	引进版权	754	0	0	6	6	1	10	779
	输出版权	313	0	0	0	0	0	58	371

数据来源：www.stats.gov.cn/tjsj/ndsj/2015/indexch.htm.

由此观之，改革开放30多年来，虽然我国的硬实力提升迅速，国内生产总值已居世界第二，外汇储备更是世界第一，但是，较之西方发达国家，我国的文化软实力、国际传播力、国际文化竞争力与影响力仍存在不少差距，甚至远远落后于自身的硬实力，我国文化实力与经济大国地位严重失衡，文化贸易逆差严重，从而客观上为西方发达国家培育了文化受众，强化了西方文化影响力。据统计，在世界文化产业市场份额中，美国占据了43%的市场份额，欧盟紧随其后占34%，而亚太地区仅占19%。即便在亚太的19%中，日本占了

① 王泠：《全球化背景下的传媒产业发展态势》，http://news.eastday.com/epublish/big5/paper159/4/class015900002/hwz349027.htm。

② 苏娟：《提升国际文化话语权　维护国家文化安全》，《当代世界》2013年第9期。

10%，澳大利亚占5%，剩下的4%才属于包括中国在内的其他亚太地区国家。显而易见，中国文化产品和服务走出去任重而道远。

进入21世纪以来，国际文化传播所面临的一个新挑战就是传播媒体的深刻变革，互联网功能的进一步拓展以及自媒体广泛应用，都给传播行为方式以及传播管理带来了新的课题。互联网的开放性，使国家与国家之间的边界在互联网的虚拟空间里变得模糊，对国家主权的传统概念产生了非常大的挑战和威胁。互联网的分散性，使得原先集中管理媒体的管理方式不再适用，这给媒体的管理带来了很大困难。从国际文化传播的角度而言，一方面互联网新媒体的一些特征给传统的文化传播模式和管理带来了挑战，促使文化传播行为不得不调整模式，适配与发展多元化的新媒体传播形式；另一方面，新媒体也为我国的对外文化传播带来了新的契机，互联网在虚拟空间里自由穿越国界的特性，使得文化走出去战略、对外宣传国家形象有更广阔的传播空间。当然，信息社会语境也对传播者提出了新要求，我们在对外文化传播中应充分了解网络媒体传播的规律，善于应用各种新媒体来强化我们的文化叙事，利用网络对信息的操控能力，更好地行使信息主权，对所传播的信息或形象进行主动地塑造和掌控，不仅要讲故事，而且要讲好自己的故事，将我国优秀的丰富的文化资源和文化作品传播出去。正如习近平总书记所指出的，提高国家文化软实力，要加强国际传播能力建设，精心构建对外话语体系，发挥好新兴媒体作用，增强对外话语的创造力、感召力、公信力，讲好中国故事，传播好中国声音，阐释好中国特色。

传播行为也是直接影响传播效果的一个重要方面。在对外文化传播中，对传播行为也有较强的技能性要求，它要求智慧和创意。要讲好中国故事，往往取决于讲故事者也就是文化传播者选择故事的角度和讲故事的技巧。如果故事讲得生动形象，能够打动人心，那么传播的效果就好。不仅要以理服人，还要懂得和善于运用情绪感染的方式去调动、激励、化解他人的不良情绪，以情感人。习近平总书记在对外宣传方面特别强调创新对外宣传方式，着力打造融通中外的新概念、新范畴、新表述。文化理念往往是抽象的，不容易被理解和接受，所以文化理念的传播要找到具象的载体和生动的符号，用生动、朴实、通俗、生活化的语言，甚至是贴切的比喻手法，就容易被理解和认同。中国梦的理念，如果与传播对象的梦想联系在一起，把中国梦放置于亚太梦、世界梦的大框架中演绎，那么这个概念就有较大的包容度和较强的适应性，认同度也相应大大提高。分析研究传播对象的接受习惯，用传播对象喜闻乐见的方式去达到传播自身理念的效果，这也是传播行为的艺术。

第五章　特色文化形态与特色文化城市

在全球化、信息化、城市化的浪潮冲击下，有一个颇耐人寻味的现象，分别于世界东西南北中各不相干的城市，竟然成为竞争对象，且不说申办奥运会、世博会、世足赛时各城市剑拔弩张，互不相让。还有相关城市支柱产业的竞争，也是你死我活、咄咄逼人，否则为什么昔日繁华昌盛的汽车城底特律转眼变成了死城空城。至于招揽游客、吸纳投资、扩展品牌，各城市更是高招怪招层出不穷。类似等等，不一而足。现代城市已经不会偏于一隅，受地理位置的阻隔，彼此相安无事。在全球经济一体化、文化一体化的今天，城市已成为体现国家文化软实力竞争的精锐部队，某种程度上，国家的兴衰系于城市的兴衰，城市兴则国家兴，城市衰则国家衰。“在城市化快速发展的今天，城市文化软实力既是国家文化软实力的地方体现，也是国家文化软实力的重要组成部分。”①城市软实力是国家文化软实力的基础，国家文化软实力是城市文化软实力的集中体现。如果说在工业化时期，城市之间的竞争主要是以经济为代表的“硬实力”的竞争；在后工业化时期，随着第三产业渐渐占据城市经济结构的主导，城市之间的竞争则转向以“文化”为代表的“软实力”的竞争。

提高城市文化软实力，需要我们深刻理解并做强做大城市的特色文化形态，以此构建特色文化城市。所谓的城市特色文化，主要指的是一座城市由于其独特的地理位置、发展历史、文化遗产、优势产业、人文风情而呈现出的城市自我特色，其表现在城市空间格局、建筑风貌、文物古迹、自然环境和市民精神、社会面貌、人际交往、文化气质等“硬件”与“软件”的综合体现上。

特色城市的特色文化有两点核心功能：其一，就外在的维度而言，特色城市的特色文化是提升文化软实力、强化城市竞争力的重要基础。中国已经纳

---

① 杨政：《城市文化软实力的表征结构及其构建路径分析》，《未来与发展》2014 年第 9 期。

入世界都市化进程，未来城市发展竞争力已经从资源、经济、科技等“硬实力”转向以城市文化资源的影响力、城市精神凝聚力、城市形象感召力等“城市文化软实力”的竞争。城市文化竞争力是城市竞争力的文化形态，是城市精神、市民生活方式和道德修养的体现。发展城市文化竞争力，就是发扬城市竞争力的精神价值，提高城市文化的吸引力、凝聚力和影响力，建立良好的城市文化形象。其二，就内在的维度而言，特色城市的特色文化，在城市化迅猛发展的当下，为城市居民提供了安妥心灵的特色精神家园，让这座城市的市民与来访者近悦远来，得到最大的身份的认同和精神归属，使城市发展遵循一条可持续的方向和路径。

一、特色是文化生命的核心要素

（一）提升特色城市特色文化，促进国家文化软实力发展

1. 特色文化与特色城市

美国著名城市学家刘易斯·芒福德在《城市文化》中提出文化是城市的生命，存储文化、流传文化和创造文化，是城市三个基本使命。“城市的文化运行产生出人类文明，因而城市是文明的孕育所。文化则是城市和新人类之间的介质，不同质量的城市产生不同文化，而不同文化最终培育出不同的人类。”[①]何谓“城市”范畴下的“特色文化”，就目前的研究而言，学界普遍认为城市特色文化囊括了社会的物质层面、制度层面、文化意识层面等，是一个涵盖广泛的概念。一些代表性的观点有：城市特色文化具体体现在城市的建筑、文物、景点以及风俗习惯等方面；[②]城市特色文化包括城市空间格局、城市风貌、主要建筑物、文物古迹、自然环境和绿化、城市精神等内容；[③]建筑学家吴良镛从城市建筑发展方面，指出特色文化的含义：“特色是生活的反映，特色有地域的分界，特色是历史的构成，特色是文化的积淀，特色是民族的凝结，特色是一定时间、地点、条件下典型事物的最集中、最典型的表现，因此它能

---

① [美]刘易斯·芒福德：《城市文化》，宋俊岭、李翔宁、周鸣浩译，中国建筑工业出版社 2009 年版。

② 王农：《城市形态与城市文化初探》，《西北建筑工程学院学报》1999 年第 2 期。

③ 王景慧、阮仪三、王林：《历史文化名城的保护与规划》，同济大学出版社 1999 年版。

引起人们不同的感受,心灵上的共鸣,感情上的陶醉。”①

简而言之,特色城市就是在其形成发展中,根据所具有的自然风貌、结构形态、文化格调、历史底蕴、景观形象、产业结构等形成的别具一格的城市。就特色城市与特色文化的关系而言,这两个概念互相界定、互相依存。首先,特色城市包含特色文化,没有特色城市,特色文化无从生根和展现。城市没有思想和个性就犹如人没有灵魂,特色文化是城市特色的集中反映,是城市文化最重要的一个环节;其次,特色文化是特色城市的成立条件,没有特色文化的存在,城市特色无法脱颖而出。可以说城市的特色文化反映的是城市间的异质性,是一个城市之所以区别于其他城市的魅力所在,其必然性依附于具体的城市形态,形成本城市所独有的文化特征,并得到有效的再塑与传播。

2. 特色城市文化产业与城市文化软实力

2014 年 8 月,由国家文化部、财政部联合印发了《关于推动特色文化产业发展的指导意见》,首次提出“发展特色文化产业”,对全国文化产业发展提出了发展重点领域、发展区域特色文化产业带、建设特色文化产业示范区、打造特色文化城镇和乡村等主要任务。②在资本化与市场化甚嚣尘上、消费与创意的浪潮席卷全球的时代,特色城市文化的发展,往往依赖于自身城市的文化特色进行有效的产业开发。

(1) 特色城市文化产业以特色文化为基础。

文化产业本质上是以文化符号为中介、以审美机能与想象力为内在机制、以精神享受与文化消费为客观需要的高级生命活动。③而特色文化产业是指依托各地独特的文化资源,通过创意转化、科技提升和市场运作,提供具有鲜明区域特点和民族特色的文化产品和服务的产业形态。大力发展文化产业,几乎可以说已经成为世界各国提高文化经济的共识,如何在全球化的趋势中,发挥文化产业的优势资源?如何在同类文化产业发展竞争中独树一

---

① 吴良镛:《基本理论、地域文化、时代模式——对中国建筑发展道路的探索》,《建筑学报》2002 年第 2 期。

② 文化部财政部印发《关于推动特色文化产业发展的指导意见》,http://news.xinhuanet.com/politics/2014-08/26/c_126917818.htm。

③ 刘士林:《加快发展文化产业的城市化战略与路径》,《河南社会科学》2013 年第 1 期。

帜、独领风骚？真正决定文化产业核心竞争力的，在于对其特色文化内涵的把握、阐释和规划利用。例如，西安能成为世界闻名的文化旅游城市，其旅游产业的发展离不开对秦朝的兵马俑和唐代的华清池等特色文化资源的开发。

(2) 特色城市文化产业是特色文化的创新体现与发展。

文化产业作为发展主体，以城市的文化资源、文化资本、人力资源、科技实力等方面作为出发点，需要最大限度地与城市定位和城市形象等其他“基因”要素相匹配。特色文化资源的形态一般是静止的，而发展特色城市文化产业则能够使它们“活”起来，一方面变静为动，成为特色文化的创新体现；另一方面还能够把特色文化转变为经济利益，从而促进城市经济的发展。针对当前国内城市文化个性丧失、千城一面的现状，特色城市文化产业的建设能够促进城市发掘出自身的特色文化，并进行文化再生产。一旦特色城市文化产业成为文化自觉的主体，它就能够对地域历史文化精髓进行筛选，形成自身城市发展建设的文化内核。一个有特色文化的城市一定是“城市文化资本”再生产的文化场域。①

(3) 特色城市文化产业是特色城市文化软实力的增长点。

当前中国传统经济增长逐渐趋向缓和，但是新媒体、在线旅游、现象级影视节目、互动性广告等文化产业黑马现象的迸发使得城市的硬实力产生新的增长，可见文化产业能够在经济上产生巨大的增加值，能够在整体上影响城市竞争力。比如成都政府“旅游宣传片”在央视黄金时间播出以后，“休闲成都”的城市形象得到广泛传播，成都的旅游业得到迅速发展。再如英剧《神探夏洛克》在全球的热播，使得伦敦的城市魅力和吸引力也大为增加。推动特色城市文化产业不仅能够促进城市经济发展，同时能传播城市特色文化，树立城市特色品牌，展现城市的独特吸引力和创造力，城市的文化软实力自然也得到了增加。

3. 特色城市特色文化与国家文化软实力

人类城市文明在经历了“政治型城市”、“经济型城市”两个阶段之后，“文

① 张鸿雁：《论特色文化城市理论体系建构研究与实践创新》，《南京社会科学》2012年第8期，第1—11页。

化型城市"已经成为世界城市社会发展的更高目标与理想模式。在GDP已远不是城市竞争唯一指标的今天,发展城市文化软实力尤显意义重大。一座城市的崛起和发展,需要城市文化作为战略支撑。一座城市如果没有自己独特的文化特色,就不可能具有充满能量和潜力的优势,不可能在世界城市的竞争中脱颖而出。

目前世界各国都涌现出了一批各具文化特色的多样化特色城市。特色文化与特色城市的研究,其研究依据首先建立在世界各地城市的文化实践上。具体到当下中国的历史语境,讨论特色城市的特色文化,更重要的研究依据,即是国家文化软实力建设的需要。这其中,城市文化软实力是在软实力概念基础上提出来的一个新的概念。

发展特色文化提升城市文化软实力,对于国家文化软实力的壮实,无疑有着重要的推动作用和深远的影响力。有学者对以往学界这方面的研究作过归纳:城市竞争力分为硬实力和软实力,认为软实力包括文化力、秩序力、制度力、管理力、开放力五项,明确指出文化软实力属于城市竞争力的一部分;城市软实力界定为"城市以其文化和哲学为精髓的文化软实力、社会软实力和环境软实力之和",并将文化软实力界定为社会主义先进文化和健康有益文化的集合及其所产生的凝聚力、吸引力和影响力,其载体主要是文化事业和文化产业;将文化软实力定义为一个国家或地区基于文化而具有的感染力、凝聚力、吸纳力、创新力和传播力以及由此而产生的竞争力和影响力;还有学者以上海为例,将城市文化软实力概括为基于城市文化的基础上,整合相关资源,加强对于国内外硬实力的调动和使用能力,进而体现城市的吸引力、凝聚力、创造力和辐射力。①综上所述,我们认为理解城市文化软实力涵盖了城市文化和软实力两个概念的内容,是以城市文化为基础构建的一种文化召唤力,有助于构建城市的形象,确认城市的价值,产生城市的认同,扩散城市影响和辐射的一种力量。

目前中国已纳入世界都市化进程,无论放眼全球还是全国范围内考量,未来城市发展竞争力都已从资源、经济、科技等"硬实力"转向以城市文化资源的影响力、城市精神凝聚力、城市形象感召力等为核心的"城市文化软实

---

① 陈德金、李本乾:《文化建设与上海城市文化软实力研究》,《科技管理研究》2011年第24期。

力”之间的竞争。中共十八大以来，随着“提高文化软实力”的文化发展战略目标确立，城市文化的发展也迎来了重大机遇，城市文化软实力已经成为国家文化发展的重要方面。强化特色文化优势是建设城市文化软实力的切入点。在城市运作城市文化资本的过程中，有相当多城市的“特色文化”被闲置、被遗忘，甚至被现代化建设所湮没。因此，在城市文化软实力的建构中如何挖掘并强化城市的特色文化优势，是一个十分重要的突破口。

就国内资源而言，数千年历史传承而来的齐鲁文化、燕赵文化、巴蜀文化、楚文化、吴越文化等特色文化，赋予了中国每个城市巨大的个性禀赋差异，为城市文化发展提供了不竭源泉。城市进行文化产业建设，需要对特色城市文化进行开发，将其转变成为经济资源，从而提升城市的文化软实力。就国际环境而言，随着全球城市化和网络化的深入，每座城市都是全球城市网络中的一个“节点”，与其他城市存在着一定的交互关系。这种交互关系要求城市的发展需要明确在全球城市网络中的定位，否则就有可能被“边缘化”。正因为如此，城市需要寻找自身的精确定位，在建设中创新具有本土特色的城市文化。

然而，从发展现状来看，我国的城市文化软实力建设面临诸多问题，例如很多城市文化水平与经济发展不协调，文化产业水平落后，公共文化设施建设滞后，城市文化建设理念不能适应时代的要求，对文化资源的整合利用不足，城市文化个性丧失等。因此，在城市发展规划中，应该将文化软实力纳入战略考量，寻找提升城市文化软实力的方法、路径与模式。此外发展城市文化软实力，也有助于提高城市整体硬实力。软实力反映了硬实力现状，并对硬实力的塑造具有能动作用。当今世界，经济与文化关系越来越密切，随着经济重心向第三产业的转移，经济文化化、文化经济化的趋势越来越明显，文化软实力将成为城市的综合竞争力乃至国家综合国力的重要组成部分，因此大力发展特色城市文化促进城市文化软实力提升，必然会对国家文化软实力的发展，产生积极而重要的影响。

（二）特色文化城市促进文化软实力的实践案例分析

自 20 世纪 90 年代开始，世界各地的许多城市都制定了文化政策，标识其创意与革新中心的文化身份……政策决策者希望通过在拥有研发优势的高科技和文化地域身份的同时发力，强化城市的竞争力，从而提升城市在全球中的地位和影响。[①]以下将选取几个具有代表性的海内外特色文化城市，对其文化竞争力的构成、水平、趋势等展开分析。

1. 国外特色文化城市的特点与启示

(1) 纽约建设经验及启示。

美国是世界上文化产业最发达的国家，在它的经济体系中，影视产品出口值超过航天工业产值，体育经济收入在美国本土超过石油工业与证券交易所的收入……从这个意义上讲，美国城市文化资源的价值已经超越了常态经济资源的价值，以文化为主体内容的产业将成为新时期经济发展的核心。[②]

纽约、洛杉矶、华盛顿、拉斯维加斯等都是美国的国际性大都市，它们在通过文化产业发展经济的同时，确立起其独特的城市形象。以美国创意产业中心——纽约为例，苏荷区位于纽约市曼哈顿岛的西南端，占地不足 0.17 平方英里，是随工业化兴起的一个工业区，以铸铁建筑为主。二战后许多工厂搬出，该区日渐破败萧条，而近在咫尺的曼哈顿却寸土寸金。20 世纪 30 年代，欧洲社会的动荡与战争使得许多艺术家移居纽约，苏荷区闲置的仓库、厂房，以其空间大、租金便宜的优点吸引艺术家纷纷租用。1973 年，苏荷被列为保护区，这是世界上也是美国首次将工厂仓库区列为历史文化遗产加以法律保护。在新的城市规划中，苏荷定位为以艺术品经营为主，辅以餐饮、旅游、时装的时尚化历史文化景区，形成高雅艺术和大众消费相结合的发展模式，政府的政策导向促进了苏荷的再生与繁荣。[③]

(2) 洛杉矶建设经验及启示。

美国的另一大城市洛杉矶，通过好莱坞影城、迪士尼乐园等的开发闻名世界。位于洛杉矶市区西北郊的好莱坞环球影城，内有电影车之旅、影城中心与娱乐中心三个游览区，是游客到洛杉矶的必到之地，可以参观电影的制作过程，回顾经典影片片断，还可以体验许多寓教于乐的游乐项目。

① Sharon Zukin, Laura Braslow, "The life cycle of New York's creative districts: Reflections on the unanticipated consequences of unplanned cultural zones," *City, Culture and Society* Vol. 2 No.3, 2011, pp.131—140.

② 田根胜:《一种新的蕴涵高附加值的产业资源》,《理论探讨》2006 年第 3 期，第 92—94 页。

③ 黄昌勇:《上海，创意城市的想象与未来》，载杨剑龙主编:《都市文化》，上海人民出版社 2014 年版，第 223—230 页。

位于好莱坞的长约27公里的日落大道，是好莱坞的另一个标志性景观，马路两旁绵延的棕榈树和林立的电影广告牌，体现出浓郁的电影文化风情。此外洛杉矶还有美国最大的城市公园格里菲斯公园、主题公园六旗魔术山、各类博物馆，甚至加州大学洛杉矶分校也成为人们了解该市文化的旅游景点。①

(3) 巴黎建设经验及启示。

巴黎是法国的首都，也是世界文化之都。巴黎的市区面积并不大，但有超过300个文化中心、艺术中心、体育中心、娱乐中心、阅览中心、资料中心和信息中心。巴黎还拥有134座博物馆、170多家歌舞厅、350个电影厅、141个剧院和64所市属公共图书馆、400多座体育设施。巴黎的群众性体育组织也相当多，仅社区体育组织就有600多个，各种俱乐部3 500多个。

巴黎政府早在1859年就通过了不建高楼的相关法规，同时非常注重对文化遗产的保护，所以城市的现代建筑并未与历史遗迹形成冲突。正是巴黎独特的城市魅力和比比皆是的文化创意实践，让世界各地的旅游者慕名而来，而这也极大地推动了巴黎文化旅游的发展。据法国相关部门的统计，作为文化产业的一部分，巴黎的文化旅游业在城市GDP的比重一般年份均能达到20%以上，成为法国旅游业的领头羊。②

(4) 伦敦建设经验及启示。

伦敦前任市长肯·利文斯通曾说："伦敦被公认为是全球三大广告都城之一，2/3的国际广告公司将它们的欧洲总部设在伦敦。紧随纽约和洛杉矶之后，伦敦是世界第三大影片制作中心，2/3的英国电影制作专职岗位集中在这里，平均每天有27个摄制组在伦敦街头取景拍摄。伦敦的设计业国际知名，拥有世界级的教育机构和设计单位，而且，其中近3/4的单位有全球客户。"③

在考察世界城市伦敦文化创意产业发展壮大的历程时，不难看出伦敦政府在政策和资金扶持方面发挥了不可或缺的重要保障作用。自2000年提出

① 许璇：《文化产业与城市发展——以二战以来的洛杉矶大都市区为例》，华东师范大学历史学系，2009年硕士论文。

② 邓鑫：《巴黎一座城市的文化软实力》，《深圳特区报》2011年10月31日。

③ CLA Economics. LDA. DCMS. Design Council. Film London. TICA.

从教育、扶持个人创意、接触创意等三方面来帮助市民发展并享受创意后，2003 年又在《伦敦市场文化战略草案》中提出了一系列促进文化创意产业发展和市民创意氛围塑造的政策。

（5）首尔建设经验及启示。

作为韩国首都，首尔并不是一个文化资源十分丰富的城市，却能够成为国际“设计之都”并吸引大量游客，这与政府对文化政策的重视密不可分。早在 2005 年，首尔市政府就提出未来 10 年将首尔发展为世界一流文化城市的发展战略，在 2020 年长期战略中也把以文化为中心的市政方针放在首位。此外，首尔市政府还成立首尔文化财团，提供 1 000 亿韩币的基金，支援民间和地区文化活动；扩充文化艺术基础设施，建立歌剧院、文化会馆、图书馆和音乐院、传统国乐表演场；改造市民文化机构的经营体制，包括市立博物馆、美术馆、世宗文化会馆等；支持电影产业，成立首尔影像委员会；举办传统文化节日，如清溪川民俗文化活动；保护文化遗址，如保护和开发首尔城郭、北汉山城、丰纳土城和恢复传统地名等。①

（6）国外案例启示小结：上述城市之外，值得注意的还有日本 1996 年出台“文化立国”的国家规划，英国 1999 年提出“创意英国”的国家发展战略，新加坡在 2003 年制定“21 世纪文艺复兴城市”的文化发展战略，可见发展“文化城市”，突出城市文化优势，加强城市特色文化，已成为全球范围内城市转型的发展战略。以上案例可以看出，纽约的苏荷模式对我国上海、北京这类国际大都市文化园区建设具有启示意义，对老建筑进行改造，吸引一批文化创意艺术家驻足，不仅为文化创意产品的开发销售提供场地，还可以保留历史建筑，带动该区域的观光、餐饮、文娱演出、时尚、零售业等，为艺术创意人才和艺术行业劳动力提供具有行业交流和求职价值的讯息，更有可能创造并引导出新的文化潮流，带动整个区域的声誉乃至地产价值，最终形成独特的城市文化品牌。洛杉矶模式可以给长春、无锡、横店这些拥有影城资源的城市提供借鉴模式，盘活既有文化资源，多角度深化优势要素即特色文化影响力。巴黎的文化保护与文化创新，可以对南京、西安等历史名城有效发挥历

① 李奎泰：《首尔和上海的城市发展战略和城市文化政策之比较》，《当代韩国》2006 年第 1 期，第 87 页。

史文化资源形成启示,如何保留历史韵味和精髓,如何赋予新的时代精神满足现代人物质、文化的消费需求,都值得深入思考。此外我国很多城市的文化创意型企业正处于起步的阶段,需要得到产业政策、资金方面的大力扶持和正确引导,伦敦的创意文化产业可以提供有效借鉴;首尔的文化政策制定、执行和政府的推动、监管,也可以对我国城市文化发展提供有效参照。从以上国外特色城市的发展案例不难看出,对城市文化竞争力的研究,应从经济、人文、政府三个层面及其发展现状和发展潜力两个维度,进行综合的、全方位的考量,促进一个区域文化软实力的发展也需要这三方面的共同发力。

2. 国内特色文化城市的经验与启示

(1) 上海建设经验及启示。

上海在发展文化创意产业方面较为重视对特色建筑、工业遗址进行开发。苏州河两岸曾是开埠以来上海的工业中心,20 世纪 90 年代产业发展转型,大量工厂、仓库闲置,在城市发展中被作为旧区拆迁改造,一些专家学者开始关注,要求作为遗产予以保护;同时一批艺术家开始实践,1998 年,来自台湾的建筑师登琨艳租下了正准备拆除的南苏州河路 1305 号仓库,设立大样设计公司;次年来自美国的建筑师刘继东租下苏州河北岸的四行仓库,设立设计公司,形成创意仓库。①除此之外,上海在 2010 年世博会园区建设中,对老厂房进行保护性的综合利用闻名世界,其中包括上海开埠以后建造的优秀民居、见证中国工业发展进程的工业遗产上钢三厂部分老厂房与江南造船厂的厂房、船坞、船台等。

(2) 杭州建设经验及启示。

杭州提出的城市发展战略为“以西湖博览会为载体,大力发展会展业”。从 2000 年起,连续 5 年的“西博会”,直接拉动杭州国内生产总值接近 1%,投入产出比为“1∶2 000”,即市财政拿出 1 000 万元,会展带来的实际效益超过 200 亿元。西博会不仅已经成为杭州新的经济增长点,而且还起到了杭州城市品牌会展“孵化器”的作用。在城市品牌战略方面,杭州提出“构筑大都

① 黄昌勇:《上海:创意城市的想象与未来》,载杨剑龙主编:《都市文化》,上海人民出版社 2014 年版,第 223—230 页。

市，建设新天堂”的口号，要把杭州建设成为以西湖为核心的湖山风景与以吴越文化为代表的国际性风景文化旅游城市、国家级历史文化名城和重要的科教文化与创新中心、长江三角洲南翼的中心城市和浙江省的政治经济文化中心。①

（3）西安建设经验及启示。

作为西安文化产业发展的领头雁，曲江新区精心打造国家级文化产业示范区，发展壮大文化旅游、影视、会展等优势文化产业，建成了大唐芙蓉园、大唐不夜城、法门寺文化景区、大明宫国家遗址公园等一批重大文化产业项目。曲江新区通过大胆探索、积极实践创造了闻名全国的“文化＋旅游＋城市”的文化产业发展“曲江模式”。

（4）台北建设经验及启示。

台湾经济发展逐渐从“制造经济”发展到“知识经济”及“创意经济”，并开始思考如何由“代工生产”走向附加值更高的“品牌”或“设计”。台北市在将历史建筑和古迹空间转化为艺文空间方面取得了令人瞩目的成果，例如将1908年所建的台湾三级古迹西门红楼再利用改造为红楼剧场，将旧工厂改造成为“华山1914创意文化园区”、“松山烟厂文化园区”等。在台北市文化创意产业的发展过程中，“非营利性组织”扮演了不可或缺的角色，被称为“第三部门”，其在大型文艺活动的举办、地方小区美学的营造、国际文化的交流、文艺工作者的培育方面，都取得了不可替代的作用。

（5）香港建设经验及启示。

中国香港地区长期以来是亚洲的创意中心，数码娱乐、电影、设计、漫画、出版等文化创意产业在业内均享有盛名，具有广泛的影响力。香港特区政府于2004年正式策划推出香港创意指数，拟定5Cs作为香港的创意指数：创意的成果、结构及制度资本、人力资本、社会资本与文化资本。研究结果表明，香港自1999年至2004年的整体创意指数显示出正增长。经过多年发展，香港文化创意产业已经形成相当大的规模，创造了令人称道的成就。相对产业对生产总值的贡献已超过15％，并且在经济转型中发挥着巨大的催化和推动作用。

---

① 田根胜：《一种新的蕴涵高附加值的产业资源》，《理论探讨》2006年第3期，第92—94页。

(6) 国内创意产业和创意城市的经验及启示。

2004 年 10 月联合国成立“创意城市网络”,目前已有德国的柏林、英国的爱丁堡、法国的里昂、美国的圣达菲、日本的名古屋、神户和我国的上海、深圳、成都等 22 个城市加入。入选这一项目特色文化城市,不以城市规模、人口数量和综合竞争力排名为主要标准,而是以区分为“文学之都”、“电影之都”、“音乐之都”、“设计之都”、“媒体艺术之都”、“工艺与民间艺术之都”和“烹饪美食之都”等 7 个主题模式,引导世界各地不同类型、不同规模的城市发挥独具特色、可持续的文化动力。

总体来看,国内打造创意城市的步伐正在加快。全国十大文化创意产业城市中,2007—2010 年文化创意产业增加值年均增长率在 40%以上的有成都,30%—40%之间的城市有广州、上海、长沙,20%—30%的有苏州和南京,10%—20%的有北京、杭州和深圳(见表 4)。这其中,多座城市因其独特文化感召力和创意产业蓬勃发展,引起国际社会的广泛好评和高度认可。例如 2008 年,深圳被联合国教科文组织授予“设计之都”称号,成为第一个加入“创意城市网络”的中国城市;2010 年 2 月,上海被联合国教科文组织授予“设计之都”称号;2010 年 2 月,成都被联合国教科文组织授予“美食之都”称号,也是第一个获此称号的亚洲城市;2010 年 6 月,哈尔滨被联合国教科文组织授予“音乐之都”称号,同样是第一个获此称号的亚洲城市。①

目前在我国初步形成的六大创意产业集群中,以上海为龙头的长三角规模最大,重点发展工业设计、室内装饰、广告策划和动漫产业;其次是以深圳、广州为中心的珠三角文化创意产业集群,重点发展广告、影视、会展等产业;以北京为中心的首都文化创意产业集群,主要发展文艺演出、广播影视、会展、古玩交易等产业。其他三个产业集群规模相对较小,其中川陕文化创意产业集群以重庆、成都、西安为中心,重点发展网络软件、动漫游戏;中部产业集群以长沙、武汉为中心,重点发展影视、广播、动漫、设计等;以昆明为中心的滇海文化创业产业集群规模尚小。②

① 黄昌勇:《创意城市的想象与未来》,载杨剑龙主编:《都市文化》,上海人民出版社 2014 年版,第 223—230 页。

② IUD 中国政务景气监测中心:《中国六大区域创意产业集群初步形成》,《领导决策信息》2006 年第 36 期,第 28—29 页。

表 4 2007—2010 年全国十大城市文化创意产业发展比重与平均增速①

城市名称	2007 年增加值/亿元	占 GDP 比重/%	2010 年增加值/亿元	占 GDP 比重/%	年均增速/%
北 京	992.6	10.60	1 692.2	12.30	19.46
上 海	683.75	5.61	1 673.79	9.75	34.77
杭 州	483	11.00	702	11.80	13.27
深 圳	334.2	6.88	637	6.70	10.94
广 州	111.65	4.70	843.5	8.00	36.15
南 京	206.5	3.40	194.7	3.90	20.37
长 沙	206.5	9.43	453.84	8.00	30.01
重 庆	184	2.80	238.75	3.01	9.07
苏 州	170.4	3.00	350	4.00	27.11
成 都	91	3.30	257.39	4.64	41.42

(7) 国内案例启示小结：竞争战略之父迈克尔·波特认为，“基于文化的优势是最根本的、最难以替代和模仿的、最持久的和最核心的竞争优势”。②以上国内案例不难看出，现代社会，一座城市的发展离不开文化的成熟，无论上海、台北、香港重视文化创意产业，还是西安为传统文化注入新动力以及杭州对城市自然历史人文的品牌提升，都表明通过发展城市特色文化、特色文化产业，尤其是创意产业，提高城市竞争力，进而促进城市乃至国家文化软实力，已经成为我国城市发展战略的共识和重心。不同城市在发展规划中都能从自身历史、人文资源中发掘出独特潜质和资源，以发展特色文化促进新的经济增长点，提高城市声誉乃至世界知名度。与传统的城市发展模式不同，特色文化城市更加强调以特色文化为切入，以文化为核心资源和发展要素，通过保护城市文化遗产，开展文化活动，发展文化产业，进行文化创新，提升城市文化形象等因素，打造城市的文化软实力。作为一种未来社会城市发展理想图景和战略规划，发展特色文化城市，有助于实现三大核心功能：一是应对与消解全球文化同化趋势，维护国家和民族的文化生存；二是以文化的手

① 转引自张蔷：《中国城市文化创意产业现状、布局及发展对策》，《地理科学进展》2013 年第 8 期。
② 王乐文：《竞争战略之父——迈克尔·波特》，《当代电力文化》2013 年第 3 期。

段促进城市经济可持续增长；三是促进城市居民情感交流，破解趋利心理造成的人际情感隔离。

二、发展特色文化城市　提升中华文化全球影响力

（一）发展特色城市文化　推动城市全面发展

特色文化城市的特色文化涉及城市政治制度、经济水平、历史人文、生态环境等诸多方面，具体体现大致可分为“有形”的建筑、文物、物质特产、产业园区、自然环境，以及“无形”的民俗、非物质文化遗产、文化心态、文化交流、人文环境、市民素养与城市精神等。一座城市特色文化的形成和体现，是各方面因素“合力”的结果，与城市的综合发展水平密切相关。因此特色文化城市虽然是各种资源的集聚地和汇融地，在诸多因素杂陈中，必然会在某一方面具备它的特质潜力、优势倾向、稳态结构和积淀效应，这就是它的核心价值，也是城市文化软实力的核心竞争力。

1. 目前我国的特色城市类别与发展要素

（1）以政治文化为突出表现的城市。最典型的即是我国首都北京和深圳。北京作为国家政治中心，中央办事机构都设立在此，重大政治会议在此召开，外国使领馆常设于此，各国元首政要频繁出入，城市文化发展具有明显政治因素。深圳是一座被政治文化催生的新兴都市，原本只是一个靠近香港的小渔村，改革开放后，仅用了短短几十年，就成为了一个有千万人的现代化大都市。这样的巨变，与中央政府建设特区的政策有关，因此在深圳文化的形成中，政治因素不容忽视。在此背景下，涌入深圳的新老深圳人以改革创新的理念、开放包容的心态和走向世界的信心，加之敢想敢做的行动力、“敢挣也敢花”的消费观，使得深圳这个“边缘都市”，有别于以传统中国文化为主的“内地”城市。①

此类城市发展特色文化，首先要发挥政策优势，维持社会政治经济环境的稳健发展；其次应重视社会公共文化服务和公共文化建设，形成良好的文

① 马武定：《文化决定空间——消费社会语境下的城市文化精神》，载杨剑龙主编：《都市文化》，上海人民出版社2014年版，第64页。

化产业孵化和国际文化交流平台；第三，做好城市特色文化传播，塑造良好的城市文化形象。

(2) 以历史文化为突出表现的城市，如南京、开封、曲阜等城市都具有丰富的历史遗迹资源。例如西安具有独一无二的历史文化资源。秦始皇兵马俑、华清池、大雁塔、法门寺等历史遗迹具有唯一性和不可复制性，是中国乃至世界的宝贵财富。西安浓厚的古都文化气息，特色鲜明的文学创作、唐汉舞蹈艺术、古器乐演奏、民俗书画、传统戏剧、特色饮食、汉唐服饰、园林建筑等文化遗产形成了博大精深的“长安文化”，不仅凝聚着民间艺术的智慧，也是西安发展特色文化产业的生产要素，具有不可估量的经济价值。

此类城市发展特色文化，重点在于对历史文化资源的保护和开发，既要对得起后代子孙，精心保护这些历史文化，又要在传统文化的基础上，发扬创新和创意，形成具有独特性、时尚性的特色文化产业新增长点。

(3) 以自然景观为突出表现的城市，如九江、黄山、三亚等，这类城市通常以独特的自然景观而闻名，以旅游业为主要产业。如桂林为典型的“喀斯特”岩溶地貌，遍布全市的石灰岩经亿万年的风化侵蚀，形成了千峰环立、一水抱城、洞奇石美的独特景观。不仅以“山水甲天下”闻名世界，历代文人歌咏桂林的诗词文章书画佳作，都使得这座城市的自然美带上了浓厚的人文气息。

此类城市发展特色文化，首先应该避免因追求旅游业经济收益而对当地自然环境造成污染，只有自然生态环境得到有效保护，才能维持长远的旅游吸引力。同时还应注意避免迎合游客的商业趋利和伪民俗活动，影响和破坏当地民众的日常生活乃至民俗民风。

(4) 以人文景观为突出表现的城市，如扬州、苏州、广州等，以其独特的人文景观形成难以复制的文化魅力。以成都为例，这座中国西南的古老城市，地处四川盆地的中心，历史上被称为“天府之国”，其特色文化被称为“休闲文化”。成都人爱玩，爱休闲，爱喝雅茶，大街小巷里不乏茶馆，人们喜欢坐在茶馆里，边嗑瓜子聊天边看川剧变脸和喷火。“忙里偷闲，吃饭茶去，闷中取乐，拿支烟来”，可见成都的“休闲文化”与其历史、地理因素紧紧结合在一起。①

---

① 马武定：《文化决定空间——消费社会语境下的城市文化精神》，载杨剑龙主编：《都市文化》，上海人民出版社 2014 年版，第 65 页。

此类城市发展特色文化,首先要发展公共文化事业,注重公共文化设施和公共文化服务的系统建设,保护和发扬非物质文化遗产,发展"体验经济",同时还应以开放的文化心态,发扬服务精神和创新精神,保持特色文化的吸引力。

(5) 以现代文明为突出表现的城市,如上海、香港等,这类城市通常流动人口比较多,高楼林立、华洋杂处,是现代文明与传统文明交汇的中心,经济水平较高,具有文化交流优势。以上海为例,上海的特色文化主要称作"海派文化",具有东西交融的文化特点,是在中国吴越文化的基础上,融合开埠后传入的欧美近现代工业文明而逐步形成的上海特有的文化现象。法国学者白吉尔在著作《上海史——走向现代之路》中详细分析上海开埠后经济结构的变化,外资和第三产业在上海经济结构里一直占据重要地位,这也是使上海文化呈现中外交融的原因。①

此类城市发展特色文化,首先应加强文化建设和文化管理,放眼全球积极学习和吸收国际文化强市成功经验,提升公共文化服务和文化产业发展水平,加强对外文化交流,致力于引领区域、全国乃至世界文化发展的新潮流。

(6) 以某种经济产业为突出表现的城市,如汽车城十堰、航天城西昌、钢铁城鞍山、小商品城义乌、瓷都景德镇等城市,这类城市往往结合当地自然、文化资源和产业特征,逐步形成颇有产业特色的文化身份。以十堰为例,地处秦巴山区的湖北省十堰市,是闻名全国的汽车城,享有中国"底特律"之美称。该市也是内陆山区唯一的国家级园林城市。十堰因车而建、因车而兴,建立了"中国第一、世界前三"的商用车生产基地,拥有众多实力雄厚的大型汽配企业,和全国最具实力的汽车技术研究院和中国最大汽车配件交易市场,是全国汽车产业化程度最高、产业集群优势最为明显的地区之一。

此类城市发展特色文化,首先应整理发掘已有文化资源,以产业优势促进文化优势,如开发相关产业文娱衍生品,发展主题乐园等。其次应注重文化产业升级换代,大力发展创意文化产业和文化服务业,与原有经济产业形成互利互促的发展模式。

必须说明的是,以上分类虽然各有侧重,但不等于说某个城市的特色文

① [法]白吉尔:《上海史——走向现代之路》,上海社会科学院出版社 2014 年版,第 41 页。

化仅仅是政治的、历史文化的或自然景观的，城市文化软实力的构成是各个维度的综合，同时又该突出自己的文化特色。诚如北京这样的典范，既有鲜明的政治特色，也有悠久的历史文化与人文景观，一所城市复合的城市特色文化越多，综合实力往往越强。在未来的特色文化的发展中，无论向哪一个方向发展，“一专多能”应该是基本前提。

2. 发展特色城市文化　提高城市文化竞争力

2016 年 1 月 18 日上午，在由中国传媒大学文化发展研究院主办的《中国城市文化竞争力研究报告(2015)》发布会上，“中国城市文化竞争力指数”排名首次发布。中国传媒大学文化发展研究院课题组在借鉴世界中心城市文化竞争力提升经验和分析城市文化竞争力评价体系模型和已有标准的基础上，提出了城市文化竞争力评价的“跑道模型”，设计了涵盖文化禀赋要素、文化经济要素、文化管理要素、文化潜力要素和文化交流要素等 5 个一级指标、11 个二级指标、55 个三级指标的评价指标体系，①并在大量数据搜集与统计分析、多次专家研讨的基础上，发布了我国 36 个城市(台湾、香港特别行政区、澳门特别行政区除外)的文化竞争力总体实力及分项指标排名。

表 5　城市文化竞争力评价指标体系一、二级指标框架②

一级指标	二级指标
A1 文化禀赋要素	B1 文化资源要素 B2 城市综合要素
A2 文化经济要素	B3 文化生产要素 B4 文化消费要素 B5 文化企业要素
A3 文化管理要素	B6 文化组织要素 B7 文化设施要素
A4 文化潜力要素	B8 文化创新要素 B9 文化素质要素
A5 文化交流要素	B10 文化传播要素 B11 文化开放要素

①②　中国传媒大学文化发展研究院:《中国城市文化竞争力研究报告(2015)》，知识产权出版社 2016 年版，第 54 页。

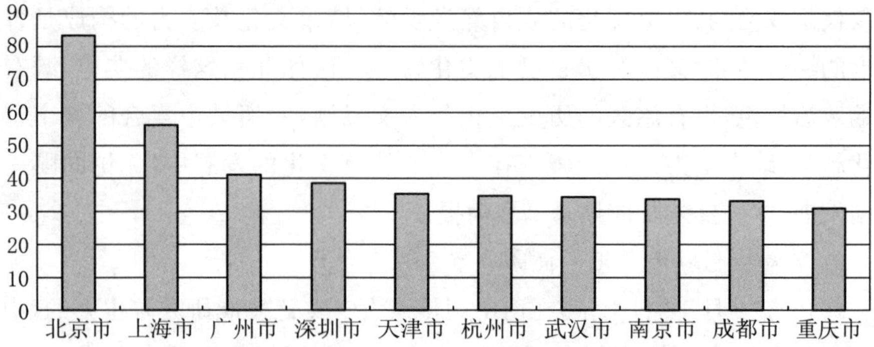

图 14 2013 年城市文化竞争力字数城市排名 TOP10①

《报告》所涉及的 36 个主要城市在文化竞争力方面差异显著。图 14 为 2013 年国家城市文化竞争力指数城市排名前 10 位的城市。从表中我们可以直观看出,从城市经济社会发展角度来看,文化竞争力较弱的城市,其经济社会发展水平也较低。这说明文化竞争力在一定程度上与经济发展的综合实力相一致,呈现正相相关关系。②

城市竞争力涵盖城市自然地理、历史文化、经济建设、制度管理、社会治理等相关方面,③是反映了一个城市综合发展的能力、水平和发展方向的重要指标,而城市文化竞争力正是其中相当重要的一部分。目前学界关于城市文化竞争力概念的研究,大体认同城市文化竞争力是一种与精神创造、制度沿袭、文化资源流动相关的竞争力概念,强调其比较意义和价值体现。④城市文化竞争力是城市竞争力的文化形态,是城市精神、城市文化的体现。发展城市文化竞争力,就是发扬城市竞争力的精神价值,提高城市文化的吸引力、凝聚力和影响力,有助于建立良好的城市文化形象,对于城市的软实力提高和全面发展有着强大的推动作用。而发展城市特色文化,正是发展城市文化竞争力的核心要点。

因此可以说,特色城市文化是城市文化竞争力的支撑。城市的文化竞

①② 中国传媒大学文化发展研究院:《中国城市文化竞争力研究报告(2015)》,知识产权出版社 2016 年版,第 66 页。

③ 中国传媒大学文化发展研究院:《中国城市文化竞争力研究报告(2015)》,知识产权出版社 2016 年版,第 9 页。

④ 中国传媒大学文化发展研究院:《中国城市文化竞争力研究报告(2015)》,知识产权出版社 2016 年版,第 16 页。

争力，在比较优势的意义上，必然立足于本城市的特色文化资源。同时，特色城市文化也是城市文化竞争力的表现。我们感受不同城市之间的文化竞争力，首先想到的就是该城市所特有的文化。比如成都在高强度、快节奏的现代社会大打“休闲牌”，上海则对应现代社会的特点强调“契约精神”，两者虽然各执一端，但是都以其鲜明的城市文化体现出各自的城市文化竞争力，在不同的群体中有不同的号召力。因此，发展特色城市文化是城市文化竞争力的出发点和重要目标。发展城市文化竞争力，就是要发扬和传播本地的特色文化，在竞争中激活特色文化并不断发展完善，从而增强城市文化软实力。

3. 发展特色城市文化　推进新型城镇化进程

改革开放以来，我国经历了世界历史上规模最大、速度最快的城镇化进程，取得了举世瞩目的成就。城市发展带动了整个经济社会发展，城市建设成为现代化建设的重要引擎。中共十六大、十七大都明确提出要走中国特色城镇化道路，中共十八大更是将城镇化上升为全面建设小康社会载体和实现经济发展方式转变的重点。

由于国情条件、资源基础、历史背景、文化差异以及区位因素等诸多方面的原因，世界各国的城镇化发展模式多种多样，主要包括自由放任的美国模式、分散型的法国模式、均衡发展的德国模式、集聚型的日韩模式、拉美国家的过度城镇化模式，①目前国际上常见的城镇化发展模式，为均衡型和集聚型。我国的城镇化过程，可以借鉴但不可能完全照搬国外模式。《国家新型城镇化规划（2014—2020）》提出“以城市群为主导形态，推动大中小城市和小城镇协调发展”的战略，实际上是对两种常见模式扬长避短，走一条具有自身特色的城镇化新路。②当前我国城镇化已进入了一个高速发展的新阶段，2010—2020 年将是我国城镇化快速发展的阶段，学界聚焦的城镇化研究，主要有环境科学、生态学、环境研究、地理科学和城市研究等五大主题。然而要从实际出发，采取多元化模式，寻求一条符合本地经济和社会发展水平并与

① 张志前、王申：《进城圆梦——探寻中国特色城镇化之路》，社会科学文献出版社 2014 年版，第 168—174 页。

② 石忆邵：《德国均衡城镇化模式与中国小城镇发展的体制瓶颈》，《经济地理》2015 年第 11 期。

区域资源环境匹配的城镇化道路，也应重视和发展促进大中小城市和小城镇协调发展的特色城市文化。

首先，依照中共十八大以来党和国家的主导精神，新型城镇化的内涵和要求至少包括五个方面：第一，新型城镇化是“质量明显提高”的城镇化；第二，新型城镇化是“四化”同步的城镇化；第三，新型城镇化是“以人为核心”的城镇化；第四，新型城镇化是体现生态文明理念的城镇化；第五，新型城镇化是“以城市群作为主体形态”的城镇化。[①]这其中，无论哪一方面目标的实现，都离不开以特色文化为切入点的区域文化软实力发展。其次，当我国选择“以城市群为主导，大中小城市和小城镇协调发展”的城镇化发展战略之后，在工业化尚未完成且城市群正在初步构建之时，部分乡村的空心化和部分边缘地区小城镇的衰落恐怕在所难免。处于集聚进行时的大城市扩张格局虽然降低了偏远小城镇的吸引力，虽然小城镇有远离喧嚣、环境清新、生活便利、经济成本低等优势，但目前还没有真正成为其吸引人口和产业入驻的竞争力因素，然而作为大城市发展的有效补充，发展小城镇特色文化，增强区域人才吸引力、文化感召力，促进文化经济转型，正好应对这一难题。有学者在研究中指出，“在以特色文化资源推进城镇化过程中，应因地制宜，依托当地文化资源，发展特色城镇，用特色文化产业发展引领新型城镇化建设，以文化资源的优势实行城镇化，建设‘一镇一品’‘一城一产业’。以特色文化资源带动区域城镇经济发展，为其城镇的未来经济发展提供发展动力。比如，福建莆田的家具、江苏宜兴的紫砂、湖南的湘绣、东阳的木雕、青海的唐卡等。相反，缺少相关特色产业作支撑的城镇化，后续发展将会乏力。而没有文化资源特色和个性的城镇建设，也无法形成差异化的竞争优势，并在未来的区域经济发展中面临着‘产业空心化’困境，最终使城镇化的经济发展动力不足”。[②]

综上所述，随着我国新型城镇化建设步伐的加快，文化软实力的作用和意义越来越成为决策者和管理者高度关注的议题。文化最终会影响和决定着一个城市的竞争能力，同时也是城市可持续发展的基础和关键。以乌镇为

---

① 何树平、戚义明：《新型城镇化：中国特色城镇化道路的新要求》，《红旗文摘》2013 年第 21 期。

② 孙凤毅：《特色文化资派礼闰下的新型城镇化发展战略研究》，《广西社会科学》2014 年第 3 期。

例，在对古镇资源保护开发的基础上，2014 年成为世界互联网大会永久会址，2013 年乌镇戏剧节举办至今也已成为国内外著名的文化品牌。被联合国专家考察小组誉为古镇保护的“乌镇模式”，在传统文化与现代文明结合、特色文化推动经济发展方面提供了借鉴意义。可见发展特色文化，有助于我们反思全球化时代城市的普遍发展模式，只有立足于本土文化实际，才能建设有特色的新型城镇；只要以文化为抓手集聚特色产业，形成差异化竞争，特色文化资源就能够推动形成城镇发展新经济亮点。

（二）提高特色文化城市竞争力和文化软实力的问题与对策研究

1. 我国发展特色城市文化现存问题

2015 年 12 月 20—21 日，中央城市工作会议于北京举行，这是我国城市发展史上的一次重要会议。会议明确强调城市中蕴含着中华民族的优秀传统文化，保护并弘扬这些优秀文化，在当前形势下具有重要的意义。这次会议精神的一个现实指向，就是全球化时代随着世界经济日益一体化，城市正变得越来越相似。“千城一面”是城市建设的倒退现象。一座城市，能称得上“特色城市”和拥有“特色文化”是十分珍贵的，因为它还保留着自身的独特性，还未完全丢失文化个性。提升城市文化竞争力，推动城市文化事业与文化产业共同繁荣，推动国家文化软实力发展，在中华民族伟大复兴的历史时期具有至关重要的意义。近年来，我国特色文化城市建设、特色文化产业发展势头良好，但还存在发展基础薄弱、市场化程度不高、世界影响力较弱、同质化竞争等问题。概括起来，有以下几个方面：

（1）囿于西方城市模式，缺乏城市文化个性。

作为后发的现代化国家，我国的城镇化进程不可避免也极为必要地会向西方发达城市学习。但长期以来，我国城市发展出现不少盲目复制西方经验，一味模仿移植、贪大求洋的现象。比如我国许多城市不顾城市文化土壤和人文环境，盲目模仿西方城市建筑的设计风格，丢失了城市原有的特色与韵味。建筑学家吴良镛就指出，要保留和保护自己的地方传统文化特色和精华，避免因在不知不觉中忽略地域文化而出现所谓的“世界趋同”问题。①

对于自身的文化特色，目前我国城市普遍缺乏文化自觉，对城市的特色

① 吴良镛：《以城市研究与实践推动规划发展》，《城市规划》2005 年第 4 期。

文化开发力度不够，开发方式不当。一旦有一座城市的开发建设取得一定成效，其他城市就会一拥而上对其进行摹仿，没有形成独树一帜的文化特色。这样的复制只是外壳上的简单挪用，而没有形成特有的文化灵魂，无法勾连该区域的文化特质。可以说，我国的城市文化发展，整体上还处于一种低水平的同质化竞争。

(2) 文化产业落后，文化人才短缺，培养模式陈旧。

虽然我国的文化产业园区如雨后春笋在各大中小城市中兴起，但总体来看专业的文化产业人才不仅数量少，结构也不合理。以动漫产业为例，多的是技术人才，而内容人才缺乏；以城市文化规划管理为例，出身文化产业专业的人才少之又少；此外，许多高校的文化产业专业开办仅10年左右，课程设置还不够成熟，产学研结合也尚在探索。高端复合型人才的缺乏，直接导致了创新能力的不足，模仿跟风层出不穷，具有自主知识产权的核心技术与产品严重缺乏，与国外同类产业发展水平差距较大。

(3) 城市文化竞争力区域发展不平衡。

从地域上看，文化竞争力较强的城市大多为处于东部沿海的一线城市，处于东部沿海经济带的城市，文化竞争力普遍较高，中西部城市的文化竞争力相较于东部沿海城市而言较弱，表现出与经济发展极为相似的东高西低态势。经济发展较慢的城市，某种程度上对全球化潮流中以美国大众文化为代表的流行文化相对隔膜，同化程度不高。这种不足某种程度上又蕴含着发展契机，具有丰富的饱含地域特色、民族特色的文化资源可予以充分发掘，因此对这些城市特色文化的保护、研究、开发应给予更多重视。

(4) 政策支持有待提高。

特色文化城市的建设往往受困于制度型障碍，当前城市发展仍处于以GDP考核作为城市发展核心的制度体制，特色文化城市建设面临严峻的挑战。一是文化企业融资能力不足，不少城市尚未设立文化创意产业专项基金、创业投资引导基金，商业银行也未推出适合文化创意产业特点的信贷支持模式；二是管理体制混乱，政出多门、权责不清、统计重复、协调困难。①

---

① 周乾松：《2011年“十二五”时期加快发展我国文化创意产业的思考》，《河南科技学院学报》2011年第5期。

2. 发展特色城市文化对策建议

综合上述分析，在发展特色城市文化，促进城市文化软实力提升的对策性层面，有以下建议：

（1）文化资源层面：建立特色文化数据库，在差异竞争下盘点自身文化资源，牢牢把控特色文化资源，有效发掘与利用，并在现代社会环境下予以创造性地开发。在政策配套上，文化建设切忌急功近利，而是要制定全面科学可持续的发展战略，创造良好的文化环境。

（2）文化产业层面：必须树立清晰的现代经济意识，要意识到再好的文化资源，如果缺乏有效的文化产业予以激活，那么这样的文化资源只是文化遗产，无法有机地介入到现代城市的产业结构之中。此外文化产业发展过程中，不要刻意模仿海外或兄弟省市经验，而是找准自身文化特色，匹配对应的文化产业。文化产业发展的核心，一是人才，二是品牌。要通过不同途径吸引人才，发挥人才优势，强化创新意识，争取做产业的引领者而不是追随者；尽可能扩大自身的文化优势，打造文化品牌，形成有号召力的品牌形象。

（3）文化市场层面：要千方百计地培养文化市场，在基础文化设施建设上不遗余力，在文化活动的策划、监督、评估等各个环节做到务求高效，同时加大文化交流，提高文化影响力。总之，要充分重视市场在资源配置中的决定性作用，坚持市场导向，构建良性的产业循环，而不是单纯地依赖财政输血。最终形成受众导向的、繁荣有序的、充满活力与创造力的文化市场，以此带动特色城市文化建设。

三、特色城市文化：城市化进程中的文化家园

诚如前两节的分析，在城市化进程之中，未来城市发展的竞争力已经从资源、经济、科技等“硬实力”转向以城市文化资源的影响力、城市精神凝聚力、城市形象感召力等“城市文化软实力”的竞争。同时，城市特色文化不仅有竞争性的功能，更有抚慰性的功能——为城市居民提供安妥心灵的精神空间。在一个高度竞争性的时代，文化的刚性功能容易被不断强化，反而忽视了文化的基本功能。

“文化价值作为一个国家和地区公民身份认知的根本，是人们相互交流

的基础，文化为经济发展的启动设定了成功的框架。”①正是城市文化，让人们感知城市变化，完成着自我身份的确认。城市文化构成了城市内在的精神要素，反映着一个城市和地区中人们的价值取向、精神诉求、思维方式和内在认同，也在很大程度上影响着一个城市的发展方向和路径。

（一）特色城市文化与城市公共空间

城市公共空间，以一定物质空间形态为载体，传达特定的政治、经济、文化内涵，为城市公众建构精神归属，其“公共性”体现于公开的空间场所、公众参与等，具有重要的公共文化功能。法国著名空间理论大师列斐伏尔在其《空间：社会产物与使用价值》一文中提出，“每个社会都处于既定的生产模式架构，内含于这个架构的特殊性质则形塑了空间”。②在城市发展不同阶段，伴随着社会变迁及文化思潮发展等，城市公共空间从物质实体到内涵、功能等要素都在发生着历史性变化。可以说城市公共空间是多重合力的形塑。

理解城市公共空间，关键点在于把握精神空间（感知的、想象的、被表现）与社会空间（被建构、被生产、被规划）之间的关系。城市作为居住生活的场所，无时无刻不在塑造着人们的家园意识。这种集体潜意识促使人们对城市空间文化的感受，不仅有外在形象诸如建筑物、街道等视觉感知，更是触发神经末梢的可感可知的生命体验。莫里斯·哈布瓦赫在《论集体记忆》③中指出，文化记忆关涉到人类社会和思想的历史延续性问题，通过群体成员一起参加纪念性集会，能想象、通过重演过去来再现集体思想。

对于一座城市来说，公共空间如同住宅中的客厅，是城市文化品位的集中体现。城市公共空间被誉为城市的“眼睛”，是代表城市形象和特色的重要节点。具有城市文化内涵的公共空间不仅彰显城市的特色和魅力，也能揭示每个城市的地方精神与文化特质。每个城市都有其独特的精神气质与意识形态，且深藏于城市公共空间之中，蕴含着一定的文化价值导向。

就城市公共空间具体形态而言，在特色文化的意义上，城市公共空间大

---

① William S.Logan, “The cultural role of capital cities: Hanoi and Hue, Vietnam,” *Pacific affairs*, Vol.78, No.4, 2005, pp.559—575.

② [法]亨利·列斐伏尔：《空间：社会产物与使用价值》，王志弘译，转引自薛毅主编：《西方都市文化研究读本》第三卷，广西师范大学出版社2008年版，第25页。

③ [法]莫里斯·哈布瓦赫：《论集体记忆》，毕然译，上海人民出版社2002年版。

致可以分为商业空间、文化空间、艺术空间、创意空间等，它们分别建构了城市文化的不同特色。

就商业空间与城市特色而言，香榭丽舍大街是法国巴黎一条著名的大街，位于巴黎八区，城市的西北部，它被看作是巴黎最美丽的街道，是法国400年历史的见证和代言。街道两旁是商家云集之地，布满了世界各地的大公司、大银行、航空公司和餐馆。在这条街上，仅电影院和电影发行公司就有50多家，行人、旅客与居民的日常生活和谐交融，使这条宽阔的人行大道平添了一种浸入日常的高贵优雅气质。

就文化空间与城市特色而言，星罗棋布的图书馆是德国人生活中不可或缺的精神家园，全国1.4万多个图书馆深入每个居民社区，仅仅10欧元就能办一张能在全市所有图书馆借阅图书为期一年期的借书卡。源自18世纪末德国"阅读革命"兴起的"听书"传统，也一直延续至今。柏林的报纸几乎每天都有一二十个"朗读会"信息，新版书作者台上大声朗读，台下或数十人，或上百人倾耳静听。正如在德国流传甚广的谚语，"没有书籍的家庭，等于没有窗户的房子"，"阅读"已成为德国人必不可少的一种生活方式。

就艺术空间与城市特色而言，西班牙毕尔巴鄂古根汉姆美术馆，彻底改变了城市经济模式，将默默无闻的海港小城，提升为世界闻名的艺术旅游名城。"音乐之都"维也纳，满街歌剧院、音乐厅，热爱音乐的人们成就了今天的"音乐之都"。法国阿维尼翁城，只有8万人口，但每年戏剧节时，城里所有公共空间全都是戏剧表演，吸引全世界的游客来观光，因为这个文化特色，小城闻名世界。

就创意空间与城市特色而言，泰晤士河南岸艺术区以现代艺术为其醒目的标志，堪称是当今伦敦最富有活力的艺术聚集区。它是利用废旧港口码头和古老仓库改造的文化旅游区，其历史可以追溯到20世纪50年代。艺术区集现代文化、旅游、休闲、商业功能于一体，古老、现代风格交织，游览内容丰富而新鲜，为游人提供了浑然天成的休闲去处。

以上城市公共空间的发展，可以看出城市居民与城市空间的核心关系是人的"参与"，正是现实中居民充满能动性的参与、对话、互动，公共空间才彰显魅力，成为城市中真正有效的"公共空间"。公共空间的形状和建筑只是生活的一个载体，正是由于人们聚集到公共空间中，到街道、广场和林阴大道上去体验和享受城市生活的魅力。城市公民的构成、城市公民的气质直接影响到城市公共空间的构成,更影响着城市文化的凝聚,也促发了城市文化的形成。比如英国伦敦的海德公园已经成为公民自由论坛自我表现的公共空间,成为伦敦特色文化的一大景观。美国纽约中央公园的夏季音乐会也已经成为市民的文化企盼和文化享受,成为音乐的公共殿堂。市民与这些城市公共空间互动互衬,提升整座城市的品位,铸就城市的文化特色。

在这个意义上,城市公共空间不仅是城市特色文化的体现,同时指向城市公民文化的建构。城市公民文化是城市公民在长期的城市生活中形成的公民意识、生活方式和价值体系,包括市民的民主、法制、道德意识,生产、生活、行为、思维方式和价值观等。城市特色文化是人类历史的财富和底蕴,是社会文明和谐的基石,是城市时代强音和竞争力,是整个民族生存与发展的灵魂。20 世纪 70 年代以来,世界各国尤其是国际大城市都十分重视城市公民的文化建设。不难看出,纽约、巴黎、伦敦、东京、里约热内卢、上海等城市的公民文化气质深深影响了该城市的文化气质,同样,城市的文化内涵也在影响市民的文化内涵,城市的文化在凝聚、感召、引领市民的精神气度。加强城市公民文化建设,已成为各国提高公民素质、增强城市文化凝聚力和影响力、提升国家文化软实力和加快本国经济发展的必然选择。因此,城市公民文化建设对于城市发展、对于城市气质的养成具有重要意义,尤其是在全球化和媒体的跨界流动下,城市成为公民界定身份属性的重要标识,更成为城市经济竞争和文化竞争的重要表征。

(二)特色城市文化与城市公共节庆

和常态的城市公共空间相比,城市公共节庆可以被视为一种非常态、周期性的特殊的城市公共空间,以节庆的名义出现,随着节庆的结束而结束,一般来说周期性地在城市文化中循环。节庆研究专家戴光全援引相关研究认为,广义的节庆可以分为八个大类:(1)文化庆典节庆,如节日、狂欢节、宗教事件、大型展演、历史纪念活动;(2)文艺娱乐节庆,如音乐会、其他表演、文艺展览、授奖仪式;(3)商贸及会展节庆,如展览会/展销会、博览会、会议、广告促销、募捐/筹资活动等;(4)体育赛事,如职业比赛、业余竞赛;(5)教育科学节庆,如研讨班、专题学术会议、学术讨论会、学术大会、教育科学发布会;(6)休闲娱乐节庆,如游戏和趣味体育、娱乐事件;(7)政治/政府节庆,如就职典礼、授职/授勋仪式、群众集会等;(8)私人节庆,如结婚周年纪念、家庭假日、宗教礼拜,社交舞会、同学亲友联欢会等。①

世界各国城市公共节庆的流行,首先源于经济因素,以节庆刺激当地旅游市场,能够促进相关文化产业发展。需要强调的是城市公共节庆,同样是城市特色文化的重要载体。城市公共节庆的鲜明特色在于,节庆活动中的城市居民往往是群体化的,通过节庆活动的共同文化参与,使得个体在对于文化共同体的追求中获得一种基于对城市生活共同参与的文化认同。激烈的城市化进程,深刻改变了传统的生产、生活模式以及人们的价值观念,而这正是现代社会各种问题的直接起因。伴随着以国际化大都市为中心展开的、波及全球的城市化浪潮,翻天覆地的生活方式的改变与生产效率的提升,也导致了个体的原子化与普遍的心灵迷茫。就我国而言,由于人口基数巨大、城市化起点低且发展速度过快、环境与条件格外复杂等原因,城市化进程的曲折与痛苦可想而知。

对此城市公共节庆提供了城市想象的空间,使生活在城市的居民产生认同和归属感,也为游客建立起独特的城市意象。这些特色文化城市中的节庆,往往在休闲娱乐中最大限度地展示地方习俗和生活方式,在休闲娱乐中最大限度地展现特色城市的文化自觉。一个城市的节庆活动,离不开本身由来已久的文化积淀、政府支持,以及文化资源市场化之后的产业支持等,且城市精神空间的建构,也离不开空间本身所承载的以及城市文化底蕴赋予人们的文化想象力。政治、经济、文化等力量,交织合流为“无形的力量”,共同塑造着城市公共空间。

以特色城市为支撑,愈来愈多的公共节庆活动成为一座城市的文化标识。一年一度的欧洲三大电影节戛纳、柏林、威尼斯均以城市命名,奥运则是以当届举办城市作为永久称谓,当代艺术双年展也离不开城市主题。西北地区的西安书法节与东南地区的常州动漫节就是城市特色文化在城市公共节庆中的恰当表达,而节庆活动巧妙地构建了公共的空间,以供城市公民的文化释放。

① 戴光全:《城市节庆·地方品牌·城市形象:理论与案例》,中国城市节庆研讨会大会交流报告,贵州铜仁,2003年11月5日。

1. 长安国际书法年会

西安长安国际书法年会每年举办一次，时间确定为每年3月最后一周，由陕西省旅游局主办，是一项面向海内外的国际书法交流活动。承袭长安的悠久文脉，西安被誉为“书法之乡”，书法名家辈出，又有碑林这样世界上历代书法名作碑石保存数量最多的书法圣地。该年会目前已成为海内外有重要影响的书法节庆，每年有大量的书法家与书法爱好者借此机会雅集切磋。长安国际书法年会主要内容有：大型仿唐代雁塔题名仪式；中外书法家笔会；历代名人墨宝；文房四宝展销；书法理论研讨，参观碑林、石门十三品活动等。从内容看，长安国际书法年会包含着三重维度：文人雅集、经济振兴与文化认同。就文化认同而言，长安国际书法年会构建了城市公共文化空间，城市公民与节庆参与者以对于西安这座特色文化城市的理解参与其中，构建出契合城市自身的历史传统与文化想象的人文景观。

西安一直希望接续周、秦、汉、唐的辉煌传统，谋求再次振兴。诚如长安国际书法年会的模式，西安复兴的心愿，落在历史遗产的现代改造上，希冀古都的现代化与国际化共同发展。西安南城曲江新区的做法，可作为有效的参照，即以大雁塔为核心，开发大慈恩寺遗址公园、陕西民俗大观园、大唐不夜城、曲江池遗址公园、唐城墙遗址公园等一系列城市公共文化空间。这些文化遗产保护区全部是开放式的，免费供市民休闲与游客参观。“在曲江模式背后，陕西省投资7亿元将14家文化产业整合为曲江集团公司，用‘国有民营’的方式来解决公共文化事业的经营难题。曲江模式为西安发展历史文化特色国际化大都市，打通了文化遗产保护之穴，也实现了文化产业和城市发展的共赢。”①

历史文化底蕴深厚的西安，在城市现代化进程中的焦虑，通过一系列大型特色文化活动，逐渐转化为文化身份自信。作为“废都”、“西部欠发达地区”的西安市民，在传承、复古与创新并行的大型特色文化活动熏陶之中，成为充满“古都想象”的文化市民。书法展览中对于国际友人书法作品的展示，展现了文化的感染力和感召力，促进中外艺术文化交流；文房四宝展销凸显着传统文化作为文化资本的力量，以及文化交流与市场品牌价值。与上海以

① 参见《让3100年大秦历史文化唱主角》，《重庆时报》2010年8月6日。

"大都会想象"为特色文化的城市公共节庆相较，西安则侧重以"古都想象"为特色文化的城市公共节庆。只有在这个逻辑上，我们方能深切地理解长安国际书法年会。书法节不仅是文化旅游性质的商业空间，同样是构建文化认同与文化归属的精神空间。西安作为长安古都的现代化，在某种程度上构成了中国作为文明古国的现代化的镜像，如何从历史中复兴，长安国际书法年会给出了不同于京沪的答案。

2. 常州动漫节

常州动漫节诞生于2004年，最初名为中国国际卡通数码艺术周，作为文化部发展文化产业的重要试点之一，是由国家文化部批准立项的全国第一个得到国家主管部门认可的卡通数码艺术专业展会。2006年更名为中国（常州）国际动漫艺术周。自2014年开始，固定于每年的9月29日—10月5日举行。[①]10余年来，动漫节逐渐成为融入市民公共文化生活的城市节庆，成为常州经济结构转型的标志之一。

常州在文化产业发展的背景下，成功地将动漫节和与之内在文化精神契合的主题公园共同整合成了一种新型城市节庆方式，使得"乡土常州"、"工业常州"变为"现代常州"、"文化常州"。当前"生产基地—主题公园—文化节庆"三头并进，已经成为常州文化产业的重要特征。[②]

20世纪80年代的常州，这个以轻工纺织业、红梅照相机、火车头制造而闻名全国的旧工业城市，市民文化生活充满工业经济增长带来的现代感与优越感。随着城市经济产业调整，城市文化必然需要作出相应调整。常州敏锐地抓住了动漫这一朝阳文化产业，动漫节里一系列电子化手段包装起来的动感、可爱、轻松、时尚的青年文化符号，以强大的魅力吸引了数量庞大且消费能力强大的新兴城市中产阶级。包括常州恐龙园、嬉戏谷等政府主导的新兴大型旅游项目，都是通过电子化动漫符号包装起来的。这样的文化消费奇迹，被常州本地媒体引以为傲地称之为"无中生有"。而这个"无中生有"，实质是电子图像的动漫符号逐渐取代常州曾经的工业文化记忆的过程。在最近几年的动漫节中，最为显要的形象是一只萌系卡通恐龙，它一方面代表作

---

① 《中国（常州）国际动漫艺术周》，http://js.qq.com/cicdaf/ysz/about.htm。

② 生产基地为常州国创意产业基地（高新区）和常州国家动画产业西太湖基地；主题公园为恐龙园和环球动漫嬉戏谷；节庆为中国（常州）国际动漫艺术周。

为本地旅游品牌形象的中华恐龙园，另一方面指代常州的新名片——“龙城”，而这条恐龙与曾经充满优越感的“工业常州”以及和历史记忆中的“乡土常州”已无任何视觉联系。

节庆在文化功能上是以一种“仪式化”的事件，形成了对城市居民及其文化生活方式的召唤，使市民产生参与和体验文化的期待，以在城市文化的变迁中保留一份传统文化的记忆。常州这座处于城市文化转型之中的中国江南城市，极有可能结合本土经验，成为享誉全国甚至世界知名的中国动漫之城。

（三）城市公共空间、城市公共节庆与国家文化软实力

德国哲学家斯宾格勒曾在其《西方的没落》一书中认为，“每一种文化都根植于它自己的土壤，各有自己的家乡和故土观念，有自己的风景和图像”。① 在欧洲与城市文化相联系的节庆形式多样，艺术类的诸如爱丁堡艺术节、威尼斯双年展等，民俗类的有西班牙奔牛节、威尼斯面具狂欢节等，产业类的有威尼斯、戛纳、柏林世界三大电影节等。国内比较知名的城市节庆有上海国际电影节、青岛国际啤酒节、山东潍坊国际风筝节、西湖国际博览会，曲阜国际孔子文化节等。这些城市公共空间中的节庆，以独特的文化定位实践着文化与产业的融合，打造城市品牌，提高城市知名度、美誉度与影响力，兼具文化与经济效益，促进了文化软实力的提升。

城市公民，是城市公共空间中的重要主体，公共空间是公民身份的象征意义得以成立的空间场域。城市公民对于城市的情感记忆与身份意识，体现于城市建筑、文化艺术、历史传承等有形与无形资源。城市空间作为流动性社会经济网络的主要空间连接点，既是政治、经济、历史、文化等各种复杂功能的载体，也是在不断动态发展的。在全球经济一体化的影响下，当代中国城市传统文化受到冲击，生活在城市中间的居民在大众传媒与商业资本联合打造的充斥着图像与时空压缩的社会中，成为平面符号。现代城市空间快速的物质信息流动以及文化的拼贴化特征，使生活在城市空间的人们逐渐对于普遍存在的同质化和消费伪文化产生质问并对民族传统文化失去凝聚感，从而产生“谁是城市主体”以及“家园何处去”等忧虑。

---

① 转引自伯顿·克拉克：《高等教育新论：多学科的研究》，浙江教育出版社 1998 年版，第 22 页。

节庆作为文化认同的载体使群体情感与集体意识相连接，形成对文化共同体的追求，群体在节庆活动中的集体意识以交流和互动为基础，试图消除城市中个体的困惑，并且凭借节庆活动中的共同记忆对象征性的符号和仪式产生共鸣，为原子化的个体提供确认其在城市空间中地位的可能。节庆空间的生产，宏观上表现为对城市化的历史解读，微观上表现为对特色城市的个案研究，这不仅涉及城市的现代性变迁，也涉及传统的社会空间到当代城市空间功能和内涵的演变。以节庆活动为代表的特色文化产业创造的经济利益，促使城市文化生产和再生产具有更广阔的发展空间。城市为节庆文化提供想象的空间，使生活在城市的居民产生认同和归属感，也提高了城市的享誉度和知名度。发展特色城市文化给传统节庆注入新的时代内容，唤起民族的集体记忆，加深民族文化认同，同时带来巨大的经济效益和社会效益，和城市品牌紧密相连。

从中国现代城市空间的特色节庆文化建设个案来看，无论北京、上海等大都市积极融合地域文化与外来文化，模糊不同社会群体的界限；还是西安、苏州等特色城市利用历史文化优势，勾连传统与现代的结合。这些特色文化城市中的节庆都在休闲娱乐中最大限度地展示地方习俗和生活方式，在休闲娱乐中最大限度地展现特色文化城市的独创性和自觉性。而常州动漫节的案例，可以看出节庆仪式在城市化过程中随着人们生活方式的改变发生位移，现代城市空间负载的现代人体验和情感发生与时俱进的变化。而城市文化软实力正是在这样的嬗递中得以提升与强化。

附　录

参考文献

约瑟夫·奈:《软实力》,马娟娟译,中信出版社,2013年版。

童世骏:《提高国家文化软实力:内涵、背景和任务》,《毛泽东邓小平理论研究》2008年第4期。

李韬、林经纬:《中国软实力提升:问题与出路》,《红旗文稿》2013年第13期。

艾瑞克·克许朋:《撼动柏林围墙》,杨久颖译,时报文化出版企业股份有限公司,2014年版。

尼克松:《1999:不战而胜》,王观声等译,世界知识出版社,1989年版。

《各国软实力排名:中国位居全球第八》,《中国对外贸易》2012年第2期。

Shogo Suzuki, The Myth and Reality of China's "Soft Power", *Inderjeet Parmar & Michael Cox(eds.)*, 2010.

Joseph S. Nye, Jr., What China and Russia Don't Get about Soft Power, *Foreign Policy*, April 29, 2013.

王沪宁:《作为国家实力的文化:软权力》,《复旦学报(社会科学版)》1993年第3期。

童世骏:《提高国家文化软实力:内涵、背景和任务》,《毛泽东邓小平理论研究》2008年第4期。

吕其庆:《韩国文化软实力建设的路径》,《中国国情国力》2014年10月。

黄冬虹:《中国电影产业发展现状研究》,《传媒》2014年9月。

《2014中国电影产业研究报告》《2015中国电影产业研究报告》《2016中国电影产业研究报告》。

《“十二五”期间国产剧年产量1.5万集　由增量到提质》,《中国新闻出版广电报》2015年12月23日。

叶朗:《中国文化产业年度发展报告(2013)》,北京大学出版社,2013年版。

《2016—2020年中国二次元行业深度调研及投资前景预测报告》。

EY: *Cultural Times—First Global Map of Cultural and Creative Industry*. Dec 2015.

马丁·雅克:《当中国统治世界——中国的崛起和西方世界的衰落》,中译本,张莉、刘曲译,中信出版社,2010年版。

马丁·雅克:《大国雄心:一个永不褪色的大国梦》,中译本,孙豫宁等译,中信出版社,2016年版。

尼古拉·兹洛宾:《世界寻求有吸引力的新模式》,《参考消息》2011年7月25日。

Charles Landry: The Creative City, *London & New York*, 2008.

2014年1月6日,习近平在会见嫦娥三号任务参研参试人员代表时的讲话,见http:www.people.com。

《习近平主持召开中央财经领导小组第七次会议》,2015年8月19日,见http:www.people.com。

费孝通:《进入21世纪的回顾和前瞻》,载《费孝通九十新语》,重庆出版社,2005年版。

童世骏:《文化软实力》,重庆出版社,2008年版。

查尔斯·兰德利:《创意城市——如何打造都市创意生活圈》,中译本,清华大学出版社,2010年版。

NESTA. *China's Absorptive State*, Oct 2013.

EY. *Cultural Times—First Global Map of Cultural and Creative Industry*. Dec 2015.

KEA. The Economy of Culture in Europe with figures from the European Audiovisual Observatory, *UNESCO & UNDP*: *Creative Economy Report 2013 Special Edition*.

NESTA. *Soft Innovation*, July 2009.

廖兆龙、王淑莲:《广东省专业镇发展情况及对策》,广东省人民政府发展研究中心编,《广东发展蓝皮书2014》,广东省出版集团,2014年版。

UNDP & UNCTAD: *Creative Economy Report 2010*.

《藏羌彝文化产业走廊总体规划》,国家财政部官方网站,2014年3月5日。

李予阳:《2014年我国实际对外投资已超过利用外资规模》,《经济日报》2015年1月26日。

UNESCO: The Globalisation of Cultural Trade: A Shift in Consumption, *International flows of cultural goods and services*, 2016 March.

李婧:《2014年我国文化贸易的喜与痛》,《中国文化报》2015年2月28日。

《李克强:中国和东盟到2020年双边贸易额将达1万亿美元》,中国广播网,2013年9月3日,http://china.cnr.cn/gdgg/201309/。

[美]劳伦斯·哈里森,绪论,《文化的重要作用——价值观如何影响人类进步》,塞缪尔·亨廷顿、劳伦斯·哈里森主编,程克雄译,新华出版社,2010年第3版。

[美]马丁·威纳著,译者序,《英国文化与工业精神的衰落(1850—1980)》,王章辉、吴必康译,北京大学出版社,2013年版。

陈炎:《文明与文化》,《学术月刊》2002年第2期。

[美]塞缪尔·亨廷顿著,王冠华、刘为等译,沈宗美校,《变化社会中的政治秩序》,上海世纪出版集团,2008年版。

郑永年:《中国崛起:重估亚洲价值观》,东方出版社,2016年版。

杜维明:《什么是精神人文主义》,《南方周末》2014年12月26日。

张焕萍:《兴盛与挑战——美国话语权研究》,中国广播影视出版社,2015年版。

[美]约瑟夫·奈著,王吉美译,《论权力》,中信出版集团,2015年版。

[美]约瑟夫·奈著,马娟娟译,《软实力》,中信出版社,2013年版。

《中国网络防火墙必将得到历史正面评价》,《环球时报》2016年4月11日。

《习近平在网络安全和信息化工作座谈会上的讲话》,2016年4月19日。

张焕萍:《兴盛与挑战——美国话语权研究》,中国广播影视出版社,2015年版。

[美]保罗·肯尼迪著,王保存等译,《大国的兴衰》,中信出版社,2013年版。

习近平在哲学社会科学工作座谈会上的讲话(2016年5月17日)。

屠呦呦诺奖报告演讲全文,中央政府门户网站 http://www.gov.cn/zhuanti/2015-12/18/content_5025361.htm。

毛跃:《论社会主义核心价值观的国际话语权》,《浙江社会科学院》2013年第7期。

王晓玲:《"周边命运共同体"构建与人文交流思路的转换》,《现代国际关系》2015年第5期。

郑永年:《通往大国之路——中国的知识重建和文明复兴》,东方出版社,2012年版。

恩斯特·卡西尔:《人论》,上海译文出版社,1985年版。

孙有中:《国家形象的内涵及其功能》,《国际论坛》2002年第3期。

唐小兵:《西方视野里的中国形象》,《南风窗》2015年第1期。

金鑫、林永亮:《以解读中国梦为契机再塑国家形象》,《红旗文稿》2014年第15期。

中国外文局对外传播研究中心:《中国国家形象全球调查报告2014》。

姚奇志、胡文涛:《日本文化外交的观念变革与实践创新》,《日本学刊》2009年第5期。

《在应对危机中实现文化产业新发展》,《中国信息报》2010年2月25日。

王仲伟主编:《上海文化发展规划研究》,上海人民出版社,2007年版。

Joseph Nye, Jr., "The Changing Nature of World Power", *Political Science Quarterly*, *Vol.105*, No.2, pp177—192.

任晶晶:《应当重视中国文化"走出去"战略》,《文艺报》2007年5月18日。

[英]汤林森著,冯建三译:《文化帝国主义》,上海人民出版社,1999年版。

苏娟:《提升国际文化话语权 维护国家文化安全》,《当代世界》2013年第9期。

杨政:《城市文化软实力的表征结构及其构建路径分析》,《未来与发展》2014 年第 9 期。

[美]刘易斯·芒福德(Lewis Mumford):《城市文化》,宋俊岭、李翔宁、周鸣浩译,中国建筑工业出版社,2009 年版。

王农:《城市形态与城市文化初探》,《西北建筑工程学院学报》1999 年第 2 期。

王景慧、阮仪三、王林:《历史文化名城的保护与规划》,同济大学出版社,1999 年版。

吴良镛:《基本理论、地域文化、时代模式——对中国建筑发展道路的探索》,《建筑学报》2002 年第 2 期。

刘士林:《加快发展文化产业的城市化战略与路径》,《河南社会科学》2013 年第 1 期。

张鸿雁:《论特色文化城市理论体系建构研究与实践创新》,《南京社会科学》2012 年第 8 期。

杨政:《城市文化软实力的表征结构及其构建路径分析》,《未来与发展》2014 年第 9 期。

陈德金、李本乾:《文化建设与上海城市文化软实力研究》,《科技管理研究》2011 年第 24 期。

Sharon Zukin, Laura Braslow, The life cycle of New York's creative districts: Reflections on the unanticipated consequences of unplanned cultural zones, City, *Culture and Society*, 2011.

田根胜:《一种新的蕴涵高附加值的产业资源》,《理论探讨》2006 年第 3 期。

黄昌勇:《上海,创意城市的想象与未来》,选自杨剑龙主编《都市文化》,上海人民出版社,2014 年版。

许璇:《文化产业与城市发展——以二战以来的洛杉矶大都市区为例》,华东师范大学历史学系,2009 年硕士论文。

邓鑫:《巴黎:一座城市的文化软实力》,《深圳特区报》2011 年 10 月 31 日。

CLA Economics. LDA. DCMS. Design Council. *Film London*. TICA.

李奎泰:《首尔和上海的城市发展战略和城市文化政策之比较》,《当代韩国》2006 年第 1 期。

田根胜:《一种新的蕴涵高附加值的产业资源》,《理论探讨》2006 年第 3 期。

IUD 中国政务景气监测中心:《中国六大区域创意产业集群初步形成》,《领导决策信息》2006 年第 36 期。

王乐文:《竞争战略之父——迈克尔·波特》,《当代电力文化》2013 年第 3 期。

[法]白吉尔:《上海史——走向现代之路》,上海社会科学院出版社,2014 年版。

中国传媒大学文化发展研究院:《中国城市文化竞争力研究报告(2015)》,知识产权出版社,2016 年版。

张志前、王申:《进城圆梦——探寻中国特色城镇化之路》,社会科学文献出版社,2014 年版。

石忆邵:《德国均衡城镇化模式与中国小城镇发展的体制瓶颈》,《经济地理》2015 年 11 月,第 35 卷第 11 期。

何树平、戚义明:《新型城镇化:中国特色城镇化道路的新要求》,《红旗文摘》2013 年第 21 期。

吴良镛:《以城市研究与实践推动规划发展》,《城市规划》2005 年第 4 期。

周乾松:《2011 年"十二五"时期加快发展我国文化创意产业的思考》,《河南科技学院学报》2011 年第 5 期。

Logan, William S. "The cultural role of capital cities: Hanoi and Hue, Vietnam." *Pacific affairs*, 2005.

[法]莫里斯·哈布瓦赫:《论集体记忆》,毕然译,上海人民出版社,2002 年版。

戴光全:《城市节庆·地方品牌·城市形象:理论与案例》,中国城市节庆研讨会大会交流报告,贵州铜仁,2003 年 11 月 5 日。

《让 3100 年大秦历史文化唱主角》,《重庆时报》2010 年 8 月 6 日。

课题组成员简介

课题组组长兼首席专家：

陈圣来 研究员，国家对外文化交流研究基地主任，上海国际文化学会会长，上海社会科学院国家高端智库资深专家。国家社科基金重大课题、文化部委托重点课题、上海社科基金系列课题等首席专家。北京大学、复旦大学特约研究员，美国加州大学奇科分校荣誉教授、纽约理工大学特聘国际咨询专家、韩国国乐教育国际顾问、罗马歌剧院国际顾问，复旦大学、上海师范大学、西南大学、上海视觉艺术学院等兼职教授。创建东方广播电台，并任台长、总编辑。创建中国上海国际艺术节中心，并任总裁。2010 年当选为亚洲艺术节联盟主席，两次被世界节庆协会授予"杰出中国人物奖"。2011 至 2014 年被任命为上海社科院文学研究所所长。撰写出版《生命的诱惑》、《广播沉思录》、《晨曲短论》、《品味艺术》、《艺术节与城市文化》等多部专著，并主编十余部著作，发表近百篇学术论文。

子课题负责人：

花　建 上海社会科学院文学研究所研究员，文化产业研究中心主任、上海国际文化学会副会长、北京大学文化产业研究院研究员。长期从事文化产业、城市文化等研究和决策服务，担任国家社科基金重大项目"增强我国文化整体实力和竞争力研究"首席专家，完成世界银行和省市等重点研究项目 20 多项，出版 10 多部专著，完成横店、桂林、佛山、太仓等 20 多项文化创意产业规划，荣获"文化部文化产业优秀课题一等奖"等重要奖项。

任一鸣 上海社会科学院文学研究所研究员，国际文化与比较文学研究室主任。中国比较文学学会理事，上海外国文学学会副会长，上海比较文学学会副会长，上海国际文化学会秘书长，上海市政协委员。毕业于复旦大学，比较文学和世界文学博士。曾先后在加拿大、美国、韩国和德国等知名高校访学或讲学。长期从事比较文学和外国文学、城市文化研究。出版专著《后殖民：批评理论与文学》《当代英国小说》等，译著《逆写帝国：后殖民文学理论与实践》《全球化时代比较文学》等。

任　明　上海社科院文学所副研究员。毕业于厦门大学汉语言文学专业、英国卡迪夫大学新闻研究专业（获硕士学位）、英国利兹大学广告与市场营销专业（获硕士学位）、华东师范大学文学与传媒专业（获博士学位）。研究方向为城市文化研究、电影研究。出版专著《光影叙事与时代风云——上海城市电影六十年变迁（1949—2009）》。学术研究、翻译及艺术评论散见《现代传播》、《上海文化》、《21世纪经济报道》、香港《文汇报》等媒体。

刘　春　上海社会科学院文学研究所副研究员，上海电影产业发展研究中心执行主任，中国电影评论学会海派影视研究会副秘书长，《上海电影产业发展报告》执行主编，华东师范大学文学博士。出版专著《光影中国的情感结构——中国大陆电影（1978年以来）》，发表电影批评、电影产业、文学批评、视觉文化等学术论文（含核心）十余篇，译著（合译）一部，主持或参与国家社会科学基金、文化部科研项目、上海社会科学院高端智库国情调研等多项学术项目。

课题组成员：

何　诚　上海社科院文学研究所研究生

季嫣然　上海社科院文学研究所研究生

图书在版编目(CIP)数据

国家文化软实力的新视野研究/陈圣来等著.—上海：上海社会科学院出版社，2018
ISBN 978-7-5520-2369-5

Ⅰ.①国…　Ⅱ.①陈…　Ⅲ.①文化事业-建设-研究-中国　Ⅳ.①G12

中国版本图书馆CIP数据核字(2018)第152710号

国家文化软实力的新视野研究

著　　者：陈圣来等
责任编辑：冯亚男
封面设计：周清华
出版发行：上海社会科学院出版社
上海顺昌路622号　邮编200025
电话总机021-63315900　销售热线021-53063735
http://www.sassp.org.cn　E-mail:sassp@sass.org.cn
照　　排：南京理工出版信息技术有限公司
印　　刷：上海展强印刷有限公司
开　　本：710×1010毫米　1/16开
印　　张：10.5
字　　数：158千字
版　　次：2018年10月第1版　2018年10月第1次印刷

ISBN 978-7-5520-2369-5/G·764　　定价：48.00元